美其所美

王崧舟讲语文课怎么上

王崧舟 著

上海教育出版社
SHANGHAI EDUCATIONAL
PUBLISHING HOUSE

目录

自　序 /1

第一讲　语文教师如何分析课堂学情 /9

真正的学情是什么 /11

如何确定教学内容 /14

如何把握教学起点 /23

如何设计教学过程 /28

第二讲　语文教师如何创新课堂教学模式 /41

解析"千课一面"的成因 /43

"千课一面"的破解之道 /44

陌生化课堂教学模式的创新策略 /47

第三讲　语文教师如何处理课堂节奏　/73

　　动静相生　/76

　　收放有序　/80

　　曲直相映　/83

　　起伏有致　/86

　　点面相成　/89

　　张弛有度　/92

第四讲　语文教师如何改进"课堂理答"　/101

　　课堂理答的意义　/104

　　课堂理答的策略　/120

　　课堂理答的智慧　/124

第五讲　语文教师如何提升课堂境界　/131

举象：还原语文的生命图景　/135

造境：创生语文的生命境域　/141

入情：体验语文的生命温度　/144

会意：感悟语文的生命哲思　/152

求气：触摸语文的生命律动　/157

寻根：传承语文的生命价值　/159

后　记　/167

自 序

语文课,不过如此。

《美在此处:王崧舟讲语文课上什么》与《美其所美:王崧舟讲语文课怎么上》,要说明的就是这个意思。

先说《美在此处:王崧舟讲语文课上什么》。这本书讲的是对"语文教学内容"的选择与加工。

根据我的经验,语文教学的最难处也是最具魅力处,恰在于教学内容的不确定。十位名师上《秋天》(统编教材小学《语文》第1册第1课),没有两位老师的教学内容是完全相同的,尽管他们面对的是完全相同的课文、完全相同的插图、完全相同的课中提示和课后练习。

语文教学内容完全相同,既无可能,也无必要。但这并不是说教学内容可以随意选择,随便加工,随心处置。我认为语文教学内容可以用右图表示。

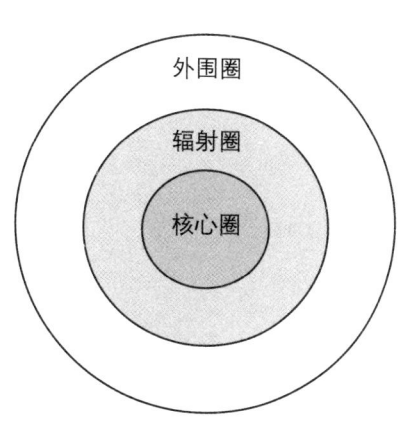

核心圈的内容,应该是确定的。教师的资历、教学能力、教学风格可以不同,但无论谁来上

语文课，核心圈的教学内容必须相同。核心圈的教学内容往往承载着一篇课文的核心语文价值，它是由文本的语文因素、课后的练习取向、单元的训练重点、学段的目标内容、课程的基本理念等综合决定的。从这个角度来说，语文教学内容的不确定是相对的。

辐射圈的内容，应该是可以选择的。一个文本所蕴藏的语文因素往往是丰富而多元的，除了核心圈的内容是统一的、确定的，其余的语文因素都属于辐射圈中的教学内容，教师可以有不同的选择、不同的侧重。其选择和侧重的标准，同样受到多种因素的影响，诸如教师个人的风格偏好、班级学生的语文兴趣、课程改革的多元取向、学校文化的柔性引领、社会风尚的潜在影响等。同时，核心圈的内容与辐射圈的内容也会形成某种交互作用。

外围圈的内容，应该是教师个体创生的。它跟教材文本之间虽然存在千丝万缕的联系，但这种联系往往是间接的、微弱的、隐性的、松散的。核心圈和辐射圈的教学内容，都直接来自文本本身固有的语文因素，譬如，文本独特的表达形式、文本独具的审美意象、文本独有的人文精神、文本独创的艺术风格、文本独到的修辞手段、文本独立的思维方法、文本独出心裁的思想见地等。而外围圈的教学内容，则不是文本本身所固有的。它更像是一种超文本链接，信息源都来自文本以外。

完整的语文教学内容，应该由核心圈、辐射圈和外围圈共同构成，但这并不意味着这三个层次的教学内容是并列的、并重的。理想的语文教学内容，应该以核心圈为主体，并通过对辐射圈和外围圈的选择与加工，呈现一种秩序和混沌相兼容的内容谱系。它是共性与个性的统一、底线与超逸的兼容、确定与可能的结合。

这就是"美在此处"的内涵所在。

就一篇课文的教学内容而言，应该是"五方会谈"的结果。所谓"五方"，即指文本、作者、教师、学生、编者，缺一方都不可能产生适切的教学内容。

文本决定了教学内容的底色。核心圈的教学内容通常来自文本最有价值的语文因素，辐射圈的教学内容往往反映文本所承载的多元语文因素，即便是外围圈的教学内容，也跟文本存在各种或隐或显、或强或弱的联系。

作者则是教学内容的背景。虽然作者并不直接参与教学内容的选择，但作者所处的时代环境，作者的创作背景、人生经历、人格特质等，都可能成为我们选择文本语文因素、判断语文价值的参照。

教师理所当然地扮演教学内容创生者的角色。教学内容的最初发现者、最终加工者、最佳统整者、最高组织者，非教师莫属。文本也罢，作者也罢，提供的只是教学内容的加工素材——教材内容；学生呢，提供了教学内容的加工逻辑——认知特征；编者呢，则提供了教学内容的加工体制——课程意图。能将四方汇总并创生为适切的教学内容的，只有教师。

学生决定了教学内容的最近发展区。学生的学情基础，是教学内容的逻辑起点；学生的认知潜能，是教学内容的逻辑终点。在起点和终点之间，就是教学内容的有效区间——最近发展区。摸清起点、设定终点的，却不是学生，而是教师。

编者提供了教学内容的课程依据。为什么选择这个文本而不是那个文本？为什么设定这个单元主题而不是那个单元主题？为什么将这些文本编为一组而不是将那些文本编为一组？为什么这些文本安排在这个学段而不是那个学段？……这些问题背后的意图都指涉课程理念和课程目标。但在教学内容的加工过程中，遵循这些依据的不是编者，而是教师。

这就是"美在此处"的外延所现。

"美"者，语文教学内容也；"在此处"，语文教学内容的"发现与确认"也。

《美在此处：王崧舟讲语文课上什么》所讲的都是对语文教学内容的发现与确认。

再说《美其所美：王崧舟讲语文课怎么上》。这本书讲的是"语文教学策略"的创生与运用。

"美其所美"的第一个"美"，是动词，是过程，是策略；第二个"美"，是名词，是依据，是结果。第一个"美"，讲的是语文课怎么上；第二个"美"，讲的是语文课依据什么来上，上成什么结果。

语文课怎么上，同样涉及三个层次，如右图所示。

第一个层次：课堂教学规范。这是基础层，每位语文教师都必须这么上，属于底线策略。第一学段，要注重识字、写字教学，要注重基础性阅读，

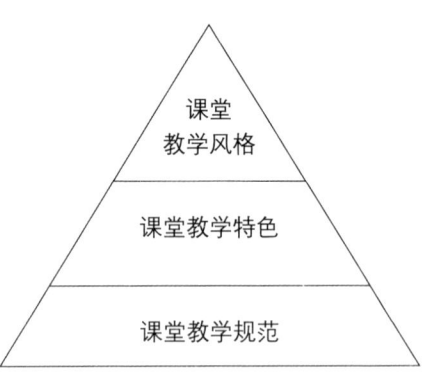

要注重良好习惯的养成，要注重童趣化情境的创设等；第二学段，要注重片段教学，要注重体验性朗读，要注重学法渗透，要注重写话训练等；第三学段，要注重篇章教学，要注重思辨性默读，要注重对表达形式的体悟，要注重读写互动等。如果是精读类、"教读"类课文，第一课时，要注重新旧知识的联系，要注重整体感知，要注重基础知识和技能的巩固等；第二课时，要注重局部的品读，要注重整体回归与提升，要注重读的拓展和写的迁移等。这些都是第一个层次的要求。

第二个层次：课堂教学特色。人无我有，是特色；人有我优，也是特色；人优我奇，更是特色。陌生化是彰显课堂教学特色的基本路径和策略。所谓陌生化，就是对课堂教学的创意性构想、创新性转化、创造性发展。陌生化以课堂教学规范为前提，但不囿于规范，不落入规范的窠臼，而是超越规范的限制，是对规范的一种扬弃。比如，文本解读陌生化——见人所未见，发人所未发；教学目标陌生化——变肢解式的"三维目标"为整合式的"一得目标"（就是将各种被肢解的目标整合为一个核心目标）；课堂结构陌生化——解构行文思路，重建课堂学路；教学策略陌生化——抽象内容以"举象"显之，关键内容以"复沓"强之，理性内容以"造境"化之，间接内容以"体验"触之，感性内容以"求气"应之，等等。

第三个层次：课堂教学风格。这是课堂教学的最高层次。如果说课堂教学规范属于"我注六经"的水平，"我"只是一个规范的执行者，课堂教学的主体性、创造性几无空间可言，那么到了课堂教学特色层次，则是"我"与"六经"互注的水平，"六经"在规约着

"我","我"又扬弃着"六经",主体性和创造性得到一定程度的发挥。而进入课堂教学风格层次则是"六经注我"的水平,一切都是"我"的外化、显化、对象化。这时,"我"才是课堂教学的核心与灵魂("以生为本"是"我"所理解的"以生为本",它并不外在于"我";"学为中心"是"我"所践行的"学为中心","我"才是践行的觉者和行者)。风格一旦形成,人格便投射为课堂风格,课堂风格便成了人格的确证,这是"人课合一"的境界。

"美其所美",首先要"各美其美",这是上好语文课的策略论,是关于策略的策略。

这本书讲语文课怎么上,主要讲的是第二、第三层次的教学策略,重点讲的是第二层次的。

学情分析。这是上好语文课的逻辑起点。它不是对学生的抽象研究,而是将学生置于课程语境下的具体问题具体分析。离开了教学内容这个参照系,学情分析只能流于空泛,既无针对性,也无实际的指导意义。从这个角度看,学情分析是一种关系分析,一端是教学内容,一端是认知水平,教师要分析两者处于何种关联,如何从认知水平出发,同化或者顺应教学内容。因此,真正知道学情的恰恰不是处于认知端的学生,而是能将内容和认知联结起来的教师。

模式设计。"怎么上"的逻辑起点一旦明确,接着就是从起点迈向终点的路径设计和策略选择,这就是模式问题。模式不能"化",否则,不是僵化,就是窄化。模式有"常"的一面,因此,教师需要明确一些基本的课堂规律和准则;模式也有"变"的一面,因此,教师要敢于创新,勇于突破,善于超越,精于转化。理想的课堂模式，应该是"常式"和"变式"的有机统一。这样说，并不意味着"常式"是"常式"，"变式"是"变式"，两者各自为政，简单叠加。事实上，从来就没有离开过"变式"的"常式"，"常式"恰恰是在"变式"中体现出来的。因此，模式设计，本质上就是"变式"设计。

节奏调控。模式设计是一种静态设计，而课堂是活动的、活泼的、活生生的，因此，要将静态的模式转化为"活态"，就需要教师调控课堂节奏。课堂节奏的自变量只有一个——时间，教学内容在时间中展开，教学关系在时间中形成，教学资源在时间中转化，教学效果在时间中实现。时间是节奏的近义词，但时间又不等同于节奏，节奏还有因变量，诸如，动与静、疏与密、收与放、张与弛、曲与直，等等。节奏是对时间的一种美的加工和调控，是教师按照美的规律重新使用和处理时间。正是节奏让静态的模式在时间之河中劈风斩浪，迤逦而行。

动态生成。正因为节奏是活的，对节奏的把握和调控也必须是活的，才有动态生成的可能和必要。课堂上，何时动，何时静；动多久，静多久；动中如何寓静，静中如何生动，这些都需要教师因时因地、"因势因材"的动态生成。生成需要教师敏锐的基调感、精准的分寸感、良好的互动感。从某种意义上说，教学设计不是一次完成的，也不是课前完成的，而是教师在课中多次设计的。动态生成，考量的不仅是教师的经验和技巧，更是教师的智慧和勇气。

境界提升。所有的策略，最终指向课堂境界；所有的层次，最后成全课堂境界。在我看来，语文课的最高境界乃是语文与生命的合一。

倘若没有语文这个大因缘，这一切既不可能无端生起，也不可能无故消逝。语文教师在教学中得到的各种生命体验：从最坏的到最好的，从最卑微的到最荣耀的，从最痛苦的到最快乐的，都在这语文的光明里存在。

整个课堂，静与动，疏与密，精彩与平庸，亢奋与克制，山重水复与柳暗花明，惨淡经营与漫不经心，尽在其中。我并不是在上课，我就是课；我并不是在讲语文，我就是语文；我并不是在聆听学生，我就是学生；我并不是在感觉一点点兴奋、一点点矜持、一点点任性、一点点嚣张，我就是兴奋，就是矜持，就是任性，就是嚣张。

把语文上成一束光，把自己上成一束光。

语文课，仅此而已。

是为序。

2019 年 6 月 26 日于泊静斋

第一讲

语文教师如何
分析课堂学情

我们说，语文课应该以学生的发展为本，既然以学生的发展为本，那么，准确分析和把握课堂学情就应该是语文课的逻辑起点。

真正的学情是什么

我曾经上过一堂语文课《桃花心木》，文章作者是著名作家林清玄。这篇课文的结尾，有这样一段话：

> 在不确定中生活的人，能比较经得起生活的考验，会锻炼出一颗独立自主的心。在不确定中，就能学会把很少的养分转化为巨大的能量，努力生长。

熟悉这篇课文的老师都知道，这段文字其实就是这篇课文的主旨与核心，也就是我们常说的中心思想。毫无疑问，对这段话的教学应该成为这堂课的重点。但是，从这段文字的内涵来看，它是有相当难度的。因此，它也是这堂课的教学难点。正是基于这样的考虑，在教学过程中，学到这段话的时候，我让学生自主质疑。提什么问题呢？提自己不懂的问题、不理解的问题。我的要求是什么？两个字：真实。

我们来看看学生们都提了哪些问题。

一个学生说:"老师,我们在生活中怎样才能经得起考验?"很显然,这个学生关注的是经得起考验的具体方法。

一个学生说:"我们怎样才能锻炼出一颗独立自主的心?"他关注的也是具体的方法和策略。

还有一个学生说:"我们在生活中怎样才能把很少的养分转化为巨大的能量?"这个学生质疑背后的思维逻辑跟前两个学生一模一样。

当然,也有不同的质疑,比如,什么是"很少的养分"?什么是"巨大的能量"?什么是"不确定"?反正,学生七嘴八舌,提了不少问题。

面对这些问题,作为教师,我们怎么看?说实话,以前,我觉得这就是学生最真实的学情,我高度关注和重视学生提出来的这些问题。对这些问题进行梳理以后,我就会发现绝大多数学生在关注什么。比如说,他们在关注怎样才能经得起生活的考验、怎样才能锻炼出一颗独立自主的心、怎样才能把很少的养分转化为巨大的能量、怎样才能努力生长等问题。这些是学生的关注点,所以我想当然地以为这就是这堂课非常重要的学情,应该转化为教学内容,应该动态生成新的教学策略,从而解决他们的这些问题。我说,这是在以前。

现在,当我逐渐明了什么才是真正的学情时,我的教学就没有沿着这个方向走下去。为什么我没有沿着学生提出来的这些问题的方向走下去?我的教学究竟转向了什么方向呢?我先卖个关子,把这个片段的前半部分搁在这儿。最后,我会为大家揭开这个谜底,解释什么是真正的学情。

我想首先抛出一个观点：在我看来，真实的课堂里并不存在抽象的、静止不变的学情。在进行教学设计时，有些老师这样说："这个班的学生学习基础特别好，学习习惯特别好，思维能力也比较强，已经养成了一定的自主合作学习的习惯。"听起来，他们似乎在做学情分析，但我认为这样的学情其实是抽象的，从某种程度上说是教条的。在学习某个具体的文本，在推进某堂具体的课的时候，这样的学情分析的指导作用和意义并不大。

我认为，当我们离开了特定的教学内容的时候，学情分析在很多情况下会流于形式，内容空洞。这样的学情分析，其实对课堂教学来说意义不大。那么，我们应该怎样来分析学情呢？学情分析应该遵循一个怎样的程序或者说步骤呢？我认为，有意义的学情分析，大体上需要经历这样三个步骤。

第一步，作为语文老师，你首先要确定的是，这堂语文课的教学内容是什么。换句话说，这堂课学生要学什么。你要清楚把学生领到什么地方去，最终目的地在哪里。这一点非常重要。

可能有的老师会觉得很奇怪："你不是在谈学情分析吗？学情分析跟确定语文教学内容有关系吗？"太有关系了。其实，我们以前的学情分析之所以会内容空洞，流于形式，没有意义，根本原因就是我们自己都没有搞清楚要把学生带到什么地方去。在确定最终目的地之前，我们是没有办法真正明确学生的学习起点的。所以这是学情分析的第一步，也是学情分析的前提。

第二步，把握语文教学的起点。这个时候你要搞清楚，是谁在学？这个"谁"不是抽象的，而是班级里的每一个个体，每一个学生。你的前方已经清楚了，你的目的地已经清楚了，那么谁去目的地呢？不是你，而是你的学生。因此，你要分析，你的学生在到达目的地之前，已经具备了哪些条件？他们还欠缺哪些条件？这才是对教学起点的分析。只有确定了教学内容，你才能把握教学起点。

第三步，设计教学过程。这是解决怎么学的问题。终点有了，起点也有了，那么从起点到终点怎么走？这个过程怎么来设计？

我认为学情分析，大体的过程应该就是这样三个步骤。

如何确定教学内容

下面，我们通过对一篇课文进行具体分析，来说明如何确定语文教学内容的问题。这篇课文是《自己的花是让别人看的》，是季羡林先生的作品。文章是这样写的：

爱美大概也算是人的天性吧。宇宙间美的东西很多，花在其中占重要的地位。爱花的民族也很多，德国在其中占重要的地位。

四五十年以前我在德国留学的时候，曾多次对德国人爱花之真切感到吃惊。家家户户都在养花。他们的花不像在中国那样，养在屋子里，他们是把花都栽种在临街窗户的外面。花朵都朝外开，在屋子里只能看到花的脊梁。我曾问过我的女房东：你这样养花是给别人看的吧！她莞尔一笑，说："正是这样！"

正是这样，也确实不错。走过任何一条街，抬头向上看，家家户户的窗子前都是花团锦簇、姹紫嫣红。许多窗子连接在一起，汇成了一个花的海洋，让我们看的人如入山阴道上，应接不暇。每一家都是这样，在屋子里的时候，自己的花是让别人看的；走在街上的时候，自己又看别人的花。人人为我，我为人人。我觉得这一种境界是颇耐人寻味的。

今天我又到了德国，刚一下火车，迎接我们的主人问我："你离开德国这样久，有什么变化没有？"我说："变化是有的，但是美丽并没有改变。"我说"美丽"指的东西很多，其中也包含着美丽的花。我走在街上，抬头一看，又是家家户户的窗口上都开满了鲜花。多么奇丽的景色！多么奇特的民族！我仿佛又回到了四五十年前，我做了一个花的梦，做了一个思乡的梦。

很多老师都非常喜欢李老的这篇文章，上公开课的时候，许多人也选择了这篇课文。在学生学习这篇课文前，我们该怎样分析这堂课的具体学情呢？根据我前面的说法，学情分析大体上需要经历三个步骤，那么我们先来看第一步：学什么。

文本内容概述

我们首先要对《自己的花是让别人看的》这篇课文的教学内容进行分析，把它明确下来。据我所知，上这一课最容易出现问题。什么问题？我们先来看一看，这篇课文究竟在讲什么。其实，这篇课文就它的结构来说，可以分成两段，其中第一段就是第一自然段：

> 爱美大概也算是人的天性吧。宇宙间美的东西很多，花在其中占重要的地位。爱花的民族也很多，德国在其中占重要的地位。

这一段在讲什么？在讲最后那句话："爱花的民族也很多，德国在其中占重要的地位。"作者想说的是，德国人非常爱花。

之后的内容都围绕这一点展开，所以，第二、第三、第四自然段合在一起，可以成为课文的第二段。

第二段如果从内容上再做一个切分的话，其实，还可以分成两个层次：第一个层次是第二、第三两个自然段，第二个层次是最后一个自然段。第一个层次讲的是四五十年前，德国人如何爱花；第二个层次讲的是四五十年后，德国人如何爱花。

这两个层次，基本上是并列的。时间的跨度长达四五十年，但是无论是第一个层次，还是第二个层次，它们指向的中心是高度一致的。这个中心就是，德国人非常爱花。这就是这篇文章的主要内容，也是这堂课教学的主要内容。

文本价值误读

刚才我说过，讲这篇课文非常容易出现问题。什么问题呢？就是有的老师对这堂课的主旨，或者说对这堂课的人文价值产生了误读。我听过一些老师讲这篇课文，发现这个问题还真具有普遍性。很多老师把这篇课文误读成一种道德说教，"人人为我，我为人人"，并把教学重点放在这一点上。

即便在教学参考资料中，我们也能看到类似的说法。比如，"我为人人"，是说每个人心中要有他人，要有社会责任感，要用实际行动为大众着想，为社会尽到自己的义务，助人为乐。"我为人人"是中华民族的传统美德。再比如，"滴水之恩，当涌泉相报"。做好事其实就是报恩。有的资料说，一个人只要不是生活在真空里，他总会得到来自多方面的关爱。从他出生的那一刻起，他就会受到来自医生、护士、父母、兄弟姐妹、左邻右舍、老师、同学、同事，还有互不相识的人的关爱。也有的资料说，传统美德告诉我们，我们应该帮助任何需要帮助的人，这就是"我为人人"。无私助人能使人的心灵得到净化，精神得到升华，更能使人成为一个实际意义上的社会人，从而顺利融入社会这个大家庭。如果大家都这么想这么做，就必然会换来"人人为我"的结果。

于是，在真实的课堂情境里，不少老师把自己的教学重点放在了"人人为我，我为人人"的道德说教上。他们引导学生联系班级实际、家庭实际和社会实际，讨论怎么才能做到"人人为我，我为人人"，最后得出的结论，是从自己做起，从小事做起，从身边做起。这样的课上着上着，就似乎变成了一堂思想品德课。老师的焦点、学生的焦点，最后都落到了"人人为我，我为人人"那个理念上去了。

文本价值批判

《自己的花是让别人看的》这篇课文的教学内容、教学主旨、教学中心,真的落在道德说教上吗?教师如果自己都不清楚这堂课究竟要教什么,究竟要把学生带到什么地方,那么,又如何去做学情分析?针对这种普遍出现的问题,我们需要对课文重新进行审视。

我认为,就整体语境来看,这篇课文的主旨显然不是"人人为我,我为人人"的道德说教。所谓"整体语境",意思是我们在课程教学当中,不仅要关注课文本身,还要关注课文所在的那个单元。因为单元的编排在一定程度上反映了编者的意图,而每篇课文也在一定程度上体现和贯彻了编者的这种意图。我们来看看这篇课文,有些老师希望把学生带到"人人为我,我为人人"那个方向去,但我觉得这篇课文的教学目的地显然不在那儿。方向不一样,最终的结果当然也不一样。我为什么这样分析?理由和依据在哪里?

第一条理由,这篇文章的起笔就已经开宗明义。"爱花的民族也很多,德国在其中占重要的地位。"开门见山。季老写这篇文章,就是要告诉世人,德国人非常爱花。而行文的间歇,季老还不止一次提到自己在德国留学期间,多次对德国人爱花之真切感到吃惊。

请注意,"曾多次对德国人爱花之真切感到吃惊",这是作者从自己的感受和体验的角度来写的。可是,德国人爱花跟他们的道德境界有什么关系?事实上,德国人爱花,是一种习俗,是一种独特的民族文化现象,在我们看来,也是一种异国的风情。

第二条理由,这篇文章浓墨重彩地描写和刻画了德国人爱花之真切、爱花之奇特，但具体在写什么呢？这篇文章没有具体地写"人人为我，我为人人"，在行文当中，季老不厌其详地强调，那是德国人的一种养花方式，即把花栽种在临街窗户的外面，花朵都朝外开。这样一种养花的方式，在德国，在任何一条街，在家家户户的窗子前，都是能够看到的，并成为一道奇丽的景色。

正是这种奇丽的异域风情，让季老感到特别吃惊。他为什么要非常具体地写德国人这么爱花？这跟道德说教其实没有任何关系。他向世人表达和传递的，是世界上有这样一个国家，他们以这样一种方式在养花，在爱花。

第三条理由，文章的时间跨度长达四五十年，在结尾处季老特意点出"美丽并没有改变"，"又是家家户户的窗口上都开满了鲜花"。大家请注意：四五十年前，季老在德国看到德国人是这样养花的；四五十年后，假如他去了那里，发现德国人不再这样养花了，会说明什么？会说明这个传统在改变，这个文化在改变。因为传统和文化往往具有时间性，具有可变性。

可是，季老在文章的最后一段分明告诉我们，即便过了四五十年，他又一次踏上德国的土地，看到的依然是家家户户的窗子前开满了鲜花。也就是说，这样的习俗、这样的风情、这样的文化，并没有因为时间的流逝而改变。这是什么现象？我想这应该不是道德现象，而是文化现象，是民俗风情。

大家都知道，只有在时间中慢慢沉淀下来的东西，才是民族的传统和文化。就像我们中国人，在除夕之夜，只要有可能，都一定回家跟亲人团聚，吃上一顿年夜饭。有谁规定吗？没有人规定。这是中国人的一种文化现象。这种文化现象，我没有考证过，但是我相信，应该延续了上千年，并且没有改变。可以推想，这样的习俗再过几百年、几千年，也可能不会改变。这叫什么？这就叫风情，就叫文化。

因此，我们做具体的分析时就会发现，这篇课文的主旨内容应该不在"人人为我，我为人人"的道德说教上。我刚才说了，看一篇课文，不光要联系这篇课文的整体语境，更应该联系这篇课文所处单元的整体语境。因为只有这样，我们才可以分析和把握编者的意图，以及这样的意图跟这篇课文到底是怎样契合在一起的。

第四条理由，细节描写处显现出秘密。这篇文章看似不经意地写到一个细节：当季老询问女房东养花是不是给别人看的时候，她露出了一个"莞尔一笑"的表情。这"莞尔一笑"，分明是在告诉读者，他们德国人这样养花，其实一点儿都不稀奇。在德国，这样养花实在是太平常、太普通了。平常、普通到什么程度？就像人们排队上车，非常自然。所谓文化习俗，不是故纸堆里边的东西，不是博物馆里边的东西，而是深入每个普通人骨髓里边的东西。只有这样的东西，才是真正意义上的文化和习俗。

文本价值定位

刚才，我们分析了文本，找出了四条理由来把握这个文本的主旨；现在，我们根据这个文本所在单元的整体语境，来确定这个文本的定位。

要合理确定语文教学的内容，我们就必须自觉地尊重文本的整体语境，准确地把握编者的课程意图。要了解这个文本所处的单元，编者有什么意图，最简单的办法就是看这个单元的提示语。编者是这样写的：

> 五彩斑斓的世界里，既有让我们引以为荣的祖国的锦绣河山、优秀的中华文化，也有我们还不太了解的外国风光、异域文化。本组课文为我们展示了一幅幅多姿多彩的异国风情画卷，就让我们同作者一道，到世界上的一些地方去走一走，看一看。
>
> 阅读本组课文，要抓住主要内容，了解不同地域的民族风情特点，还要揣摩作者是怎样写出景物、风情的特点的，并注意积累课文中的优美语言。如果有条件，还可以通过多种途径搜集资料，以丰富对异域风情的感受。

如果让你来找这个单元提示语的关键词，你会找哪个词？也许你会说是外国风光、异国风情、异域文化，其实都是一回事。这个单元的所有课文，都是在反映和表达异国风情、异域文化。

不信我们来看看入选这个单元的几篇课文。一共是四篇。

第一篇课文，就是刚才我们讲的季老的文章《自己的花是让别人看的》。这篇课文讲什么？根据编者选编的意图，这篇课文显然是讲异国风情、异域文化的。它所对应的，是欧洲的德国。

第二篇课文《威尼斯的小艇》，作者是美国作家马克·吐温，它反映的依然是欧洲的文化，是意大利的文化。威尼斯的小艇，这又是一种独特的异国风情。

第三篇课文《与象共舞》，是赵丽宏先生的作品。《与象共舞》反映的是哪里的异国风情、异域文化？是泰国，亚洲的泰国。

最后一篇课文《彩色的非洲》，一看题目就知道，写的是非洲的异域风情。

所以你看，一个单元四篇课文，第一篇反映欧洲，第二篇反映欧洲，第三篇反映亚洲，第四篇反映非洲。我突发奇想，想给编者写一封信，建议他在这四篇课文当中换掉一篇课文。你猜一猜，我会建议编者把哪一篇课文换掉？你看写非洲的有了，写亚洲的有了，写欧洲的有了，但是写欧洲的有两篇，所以我会建议把写欧洲的换一篇。至于换哪一篇，是《自己的花是让别人看的》，还是《威尼斯的小艇》，那就由编者自己去决定吧。

换掉之后，补进什么呢？我建议补一篇反映美洲文化的，最好是反映美洲印第安人文化的文章。这样，从异国风情、异域文化的角度来说，这个单元的内容是不是会更具有代表性，更具有典型性呢？当然，这只是我个人的看法。

一回到单元整体，我们就明白了，就整体语境来看，异域风情、异国文化，才是解读和把握这个单元文本价值的唯一钥匙。《自己的花是让别人看的》应该顺着这个方向和角度去解读，同理，《威尼斯的小艇》《与象共舞》《彩色的非洲》也应该顺着这个方向和角度去解读。这就意味着，在学《自己的花是让别人看的》时，我们不应该把孩子们带到"人人为我，我为人人"的道德说教的方向和道路上去，而应该把他们带到德国人非常爱花这样的异域风情、异国文化的方向和道路上去。

到这个时候,你才基本搞清楚这堂课应该要让孩子们学什么。这一点明确了,是第一步。有了这一步,你就有了参照系。什么参照系?分析孩子们学习起点的参照系。你既然要把孩子们带到这个方向去,你就要看看,如果他们要往这边走并且走到目的地,他们已经具备了哪些条件,还欠缺哪些条件。这就是所谓的学情分析。

为了搞清楚这个学情分析,我们做了一个问卷调查。当然,这个问卷调查是根据我们已经明确了的教学内容来设计的。

如何把握教学起点

在这个调查问卷中,我们设计了三个问题。

第一个问题,这篇文章留给你印象最深的是什么地方?请用波浪线画下来。

第二个问题,你是怎么理解"自己的花是让别人看的"?请用简洁的语言写出来。

第三个问题,读完全文,你还有什么问题或者理解有困难的地方需要提出来?请列出一到三个你最想解决的问题。

把问卷发下去,让学生自己填写,最后回收问卷。我们做了分析统计,发现结果特别有意思。这才是最真实的学情,也是最有价值的学情。

学情分析

我们先来看第一题："这篇文章留给你印象最深的是什么地方？请用波浪线画下来。"结果我们发现，绝大多数学生，94%的学生，把下面这句话给画了下来：

> 走过任何一条街，抬头向上看，家家户户的窗子前都是花团锦簇、姹紫嫣红。许多窗子连接在一起，汇成了一个花的海洋，让我们看的人如入山阴道上，应接不暇。

他们觉得这篇文章留给他们印象最深的就是这个地方。为什么呢？我想，一方面，这段文字有一种非常强烈的画面感，很鲜明，很夺目，很引人注意；另一方面，这样的画面，学生一般在日常生活当中是看不到的，所以这对他们来说很陌生。正因为画面是陌生的，画面感又非常强烈，色彩又非常鲜艳，所以他们阅读的聚焦点几乎都落在了这一段文字上。

这说明，在直觉的层面上，学生对德国人爱花之真切，对这种异域风情，是能够感知的。其实，这也是我们设计这个调查问卷的意图所在。

现在我们来看第二题："你是怎么理解'自己的花是让别人看的'？请用简洁的语言写出来。"这道题目，我们一调查，一分析，一统计，就发现问题出来了。

什么问题呢？我们发现有近87%的学生，对这篇文章的题目是这样理解的。

有的学生说："这表明德国人处处为别人着想。你看，自己的花是让别人看的！这不是在替别人着想吗？"

有的学生说："这体现了德国人先人后己的精神，自己的花让别人先看到，这不是先人后己吗？"

还有的学生说："这表明德国人的品德非常高尚，辛辛苦苦养了花，自己不看却让别人看。你看，这不是无私吗？这不是爱的表现吗？这不就是品德高尚吗？"

类似的解读占了近87%。这是很要命的。为什么这样说？因为课文还没讲呢，老师还没引导呢！学生对文本主旨的这种理解，我称之为"前理解"，因为还没教学嘛！学生对文本主旨的前理解已经被道德化了。形成原因是比较复杂的，我们不做具体分析。

这就是我们看到的学情，真实的学情。文章的主旨在学生学习之前，或者说在教师教学之前，就已经被道德化了。但这又是非常宝贵的学情，因为正是这样的学情，影响和决定了我们的教学路径、我们的教学策略。所以，要说这堂课有什么教学难点的话，那么，真正的难点就是去改变学生被道德化的前理解。

调查问卷的第三题："读完全文，你还有什么问题或者理解有困难的地方需要提出来？请列出一到三个你最想解决的问题。"结果是——

为什么说"人人为我，我为人人"？

为什么作者对德国人爱花之真切感到吃惊？

为什么结尾作者说自己做了一个花的梦，一个思乡的梦？

提这三个问题的学生占了72%，这表明什么？表明有超过三分之二的学生对德国人爱花这一奇特风情的理解存在一定的障碍。他们可能还不太习惯从文化和习俗的角度来理解这种现象，他们觉得有点儿不可思议。

其实，这也是真实的学情。而这样的问题，也会在一定程度上影响我们的教学设计，影响我们对教学路径的选择。总之，这次问卷调查，对我们最终确定这堂课的教学过程和方法，意义是非常大的。

目标定位

问卷调查统计结果出来之后，我们就开始设定这堂课的教学目标。基本的学习内容明确了，学生们学习这些内容可能会遇到的一些问题和障碍也基本清楚了，这个时候，就可以提出教学目标了。我们认为这堂课的核心目标只有一个：体悟真诚、素朴的语言表达。这指的是季老散文的风格。他的语言表达是真诚的，是素朴的，这是要让学生们体悟的。在真诚、素朴的语言表达当中，感悟德国人爱花之真切这一奇特风情，这是我们带学生最终要到达的那个目的地。

要到达这个目的地不可能一蹴而就，你要慢慢地走，要经过一些节点。所以，这堂课的设计光有一个核心目标是不够的。为了达成这个核心目标，我们需要进一步分析：我们还需要具备哪些条件？这些条件也应该成为某一个教学环节上的目标，所以我把它们称为"条件目标"。你要实现核心目标，跨度非常大，怎么办？把它切成几段，那么这些切下来的段，就是条件目标。

条件目标一：品读"花团锦簇""姹紫嫣红""应接不暇""耐人寻味"等词语。这些词语是描写德国人爱花之真切的，是画面感特别强的那段文字中的重点词语、关键词语，所以要仔细品读。通过品读，让学生真切感受到德国家家户户的窗前开满鲜花这一奇丽风景。这是条件目标一。

条件目标二：品读文中的句子，"家家户户都在养花……把花都栽种在临街窗户的外面。花朵都朝外开""家家户户的窗子前都是花团锦簇、姹紫嫣红""每一家都是这样""又是家家户户的窗口上都开满了鲜花"。注意到没有？我的逻辑重音放在"都"字上，对连续出现的六个"都"字进行了咀嚼。"都"意味着什么？意味着人人，意味着家家户户，意味着整个国家、整个民族。从"都"字上，我们感受到了德国人爱花之真切。因为一个人、两个人还谈不上文化，十个人、一百个人也算不上习俗，只有绝大多数人，也就是说，只有当每个人"都"这样做的时候，才能形成一种文化，变成一种习俗。这就是条件目标二，这个条件是不能丢的，它是走向最终目的地的必经之路。

条件目标三：解读"人人为我，我为人人。我觉得这一种境界是颇耐人寻味的""变化是有的，但是美丽并没有改变"等关键句。爱花在德国是一种奇特的风情，请注意，我们并没有回避"人人为我，我为人人"，不需要回避，只不过我们是从不同的角度来理解这个问题的，而不像有些人从道德的角度来解读这篇文章。我们是从习俗、从异域风情的角度来理解"人人为我，我为人人"的，将德国人爱花看作一种文化现象。所以说，同一个事物，看的角度不同，最后诠释出来的意义也就不同。这是条件目标三。

只有实现了条件目标一，实现了条件目标二，然后又实现了条件目标三，我们才能够到达那个终点、那个目的地。终点和目的地就是：在德国，人人这样爱花，人人这样养花，这是他们的习俗，是他们的风情。我们首先明确的是学生在学这个内容，再根据调查结果来确定他们在学习时会碰到哪些困难和障碍，然后设定目标，并把目标分解成几个条件目标。

如何设计教学过程

万事俱备，只欠东风，接下来我们进入第三步：怎么学，也就是设计语文教学过程。

我们备课时通常是不走前两步的。一般情况下，我们把第一步"学什么"交给了教学参考资料，把第二步"谁在学"交给了教育学和心理学的一般分析，比如，"形象思维依然在主导，逻辑思维能力开始发轫并初露端倪，学生已经具备了一定的自主合作和探究的能力"，等等。这些话从表面上看，好像是在分析学情，但是我们谁都知道，这样的学情分析或是为了应对检查，或是为了迎合一些所谓的"时髦"观念：以学生为本，以儿童的学习为中心，以学为中心。我们都知道，这样的分析其实是没有意义的，没有用的。

现在，我们把前两步"学什么"和"谁在学"的工作拿回来交给自己。让自己进入学生的学习状态、学习过程，然后进行调查和分析：我们究竟要把学生带到哪里？学生可能会遇到哪些具体的问题和困难？只有这两步工作做好了，第三步才能水到渠成、瓜熟蒂落。

第三步干什么？做教学设计。我认为目标一旦设定，课的基本思路和框架就有了雏形。我们平时备课的时候，总是绞尽脑汁、挖空心思，想把课设计得好一点儿。用什么方法？用什么策略？这个地方插入一个什么媒体？那个地方设计一个什么小练笔？再组织学生搞一个什么活动？我们总是千方百计地在这些地方下功夫、做文章。其实，这都没有用，因为前面两个步骤不是你独立完成的，你这第三步的教学设计只会是空中楼阁。

这堂课怎么上其实很简单，就是三个板块：先达成条件目标一，这是第一个板块；再达成条件目标二，这是第二个板块；最后达成条件目标三，这是第三个板块。从学理的角度来看，这三个板块也是学生从感受风景到感悟风情的三级台阶。感受风景，是他们当下的直觉感知，这是基础，而要上升到感悟风情，则需要一步一步地提升，需要教师为他们搭建台阶。因为在调查问卷当中我们就已经发现，学生们理解课文是有困难的。

好了，既然课的整体思路和框架有了，下面我们就进入具体的教学设计环节。

第一个板块：感受风景奇丽，触摸爱花真切。

在德国，家家户户的窗口上都开满了鲜花，这是一道独特而奇丽的风景。通过调查，我们知道，学生对此印象极为深刻。因此，这个板块的基本任务，就是引导学生通过对花团锦簇、姹紫嫣红、应接不暇、耐人寻味等词语的品读，真切地感受这一奇丽风景。基本任务明确之后，我们的教学过程就可以安排成这样几个步骤。

第一步，匹配。匹配什么呢？首先，我们请学生仔细观察这篇课文的插图。其实，课文的插图也是教材的有机组成部分，它是有意义、有作用的。然后，请学生从课文中找出与插图最匹配的文字。学生最后锁定的文字是"走过任何一条街，抬头向上看，家家户户的窗子前都是花团锦簇、姹紫嫣红。许多窗子连接在一起，汇成了一个花的海洋，让我们看的人如入山阴道上，应接不暇"。让学生将图和文字进行匹配，通过图使文字画面化、形象化，通过文字使画面变得更有意义，变得更有内涵。这是第一步。

第二步，细读。教师引导学生多层次地朗读这段文字。这段文字是学习整个文本的基础，所以要反复读。那么，所谓"多层次地朗读"，应该有哪些层次呢？

第一个层次，通过呈现图片让学生读出文字的形象感。在读这段文字的时候，你的脑海里会出现哪些画面？有心的老师，会上网去搜索德国人养花的照片（其实，网上这类资源还是非常多的）。这些照片非常美，那种西洋式的窗台前面，各种色彩的花非常漂亮。你可以找出这些照片让学生们看看。

第二个层次，通过比较不同的写花的文字来解读"花团锦簇""姹紫嫣红"的含义。这两个词很关键，如果教师不进行点拨，学生们可能会误读，因此可以通过比较不同的写花的文字，让学生们读出文字中的情味感。事实上，在人教版的小学《语文》教材中，写鲜花的文字还是不少的，但是它们的写法各不相同。这跟文本的主旨、文本的总体风格和语境等有关。

比如说《荷花》这篇课文，是这样写花的："荷花已经开了不少了。荷叶挨挨挤挤的，像一个个碧绿的大圆盘。白荷花在这些大圆盘之间冒出来。"请注意课文后面是怎么写的："有的才展开两三片花瓣儿。有的花瓣儿全展开了，露出嫩黄色的小莲蓬。有的还是花骨朵儿，看起来饱胀得马上要破裂似的。"叶圣陶老先生写荷花的这段文字，非常经典，也非常美。

但是如果我们把这段文字跟季老写德国人养花的场面比较，就会发现它们是不一样的。季老是怎么写的？"走过任何一条街，抬头向上看，家家户户的窗子前都是花团锦簇、姹紫嫣红。"他有没有写玫瑰怎么样？有没有写月季怎么样？有没有写紫罗兰怎么样？有没有写君子兰怎么样？都没有写。这段文字并没有写任何一种具体的花长得什么样，开得什么样，什么形状、什么色彩、什么香味。作者什么都没有写。因此，通过比较，你就会发现，季老和叶老在对花的写作上大异其趣。

其中，有两个词很关键。哪两个词呢？第一个词是"花团锦簇"，第二个词是"姹紫嫣红"。

什么叫"花团锦簇"？其实，"花团锦簇"是一个并列结构的短语，"花团"跟"锦簇"的意思差不多。如果再深入地分析，我们就会发现，"花团"可不是我们平常所理解的那个花团，它是一个主谓结构的词语，花团在一起，所以看起来是一团一团的花。"锦簇"指的是各种颜色的花簇聚集在一起。美丽的鲜花一团一团的，一簇一簇的，这就叫"花团锦簇"。就像杜甫的诗句"黄四娘家花满蹊，千朵万朵压枝低"，作者并没有写具体的花，他只是整体地、群体地来写花。所以花是团着的，像锦缎一样，是一簇一簇的，是花团锦簇。

什么叫"姹紫嫣红"？姹紫嫣红也是一个并列结构的短语，包括姹紫、嫣红两个词语。紫和红形容花的颜色，当然这是代表性的，并不是说只有这两种颜色；"姹"和"嫣"指的是颜色的美好、鲜艳、惹人怜爱。

所以这两个词，都是在写整体的花，写群体的花，而不是写某一种具体的花。不过，它们写群体的花时各有侧重，"花团锦簇"写的是花的形状，"姹紫嫣红"写的是花的色彩与光泽，一个侧重于形，一个侧重于色。这样解读，你就会发现，这段文字其实很有味道，很有特色，很有个性。通过这样解读，你就能够引导学生们读出文字的情味感。

第三个层次，通过引入山阴道上的典故，以及拓展这个典故的应用语境，来读出文字的意蕴感。

季老说，"让我们看的人如入山阴道上，应接不暇"。"如入山阴道上"这个典故出自《世说新语·言语》，讲的是王羲之的儿子王子敬去山阴（山阴就是现在的绍兴）道的事。他说："山阴道上行，山川自相映发，使人应接不暇。"意思是你进入山阴道以后，往这边看看，山川很美；往那边看看，山川也很美。总之，美丽的景色太多了，让人的眼睛看不过来。

显然，课文这里并非指山阴道上那个"山川自相映发"的美景，而是指家家户户的窗子前都开满了鲜花这样的美景。因为往这儿看，哦，是鲜花；往那儿看，呦，也是鲜花。走过任何一条街，都是这样的场面，让你的眼睛忙不过来。其实，从更深的层面来说，这也反映了德国人爱花之真切，反映了他们独特的风情和文化。

以上是第二步"细读"的三个层次。

第三步，背诵。这段话文质兼美，写得非常漂亮，所以，要让学生背诵。当然，阅读教学当中的背诵，不能是一种简单机械的操练，而应该把背诵有机地融入课文的整体语境当中。这样既能够解决语言的积累问题，又能够借此使学生更好地理解和感悟文本的内涵。我们应该一箭双雕，一石数鸟，发挥背诵的整体作用和效应，所以不能傻背，不能机械地背，而要把背诵同课文的语境有机融合。

比如说，课文中有这样一句话，"走过任何一条街，抬头向上看"。请注意"任何"这个词。"任何"说明什么？说明在德国，每一条街都是这样的。既然是每一条街，那我们就一条一条地来。你可以找一些在德国最有代表性的大街来说明课文中的情况都是真实的。比如，走过德国哥廷根的普朗克大街（普朗克是量子力学的创始人之一；哥廷根人为了纪念他，把这条街命名为普朗克大街），抬头向上看，看到家家户户的窗子前，都是花团锦簇、姹紫嫣红。许多窗子连接在一起，汇成了一个花的海洋，让我们看的人如入山阴道上，应接不暇。这样，课文的语境拓展了，优美的语言也得到了积累。这不是一箭双雕吗？

当然这样还不够，还要反复背诵。现在，我们换一条街，来到哥廷根的威廉广场。这是为了纪念威廉国王而命名的一个广场。我们来到哥廷根的威廉广场，抬头向上看，看到什么？看到家家户户的窗子前，都是花团锦簇、姹紫嫣红。许多窗子连接在一起，汇成了一个花的海洋，让我们看的人如入山阴道上，应接不暇。课文的语境再一次拓展，优美的语言再一次得到了积累。

这还不够，我们再换一条街，漫步在哥廷根的格林兄弟大道。大家都知道《格林童话》，这条大街就是为了纪念格林兄弟而命名的。我们漫步在哥廷根的格林兄弟大道上，抬头向上看，看到什么？看到家家户户的窗子前，都是花团锦簇、姹紫嫣红。许多窗子连接在一起，汇成了一个花的海洋，让我们看的人如入山阴道上，应接不暇。

最后，我们站在哥廷根的维勒纪念碑下，抬头向上看，看到家家户户的窗子前，都是花团锦簇、姹紫嫣红。许多窗子连接在一起，汇成了一个花的海洋，让我们看的人如入山阴道上，应接不暇。

这样一遍又一遍，是傻背吗？不，这叫一箭双雕、一石数鸟，因为这样的背诵联系了课文的语境，拓展了课文的语境，使学生对德国人爱花之真切有了更全面的理解。

第二个板块：解读风景密码，咀嚼爱花真切。

然后我们进入第二个板块。如果说第一个板块主要指向的是花，解读的是"姹紫嫣红""花团锦簇"，展现的是德国人家家户户的窗子前都是花、每一条街都是花这样的风情，那么，到了第二个板块，我们就不能仅仅停留在花上了，因为花的背后是人。我们要由花过渡到人，而这也是从风景上升到风情的关键所在。

这一板块的主要任务，就是对文中"家家户户都在养花""把花都栽种在临街窗户的外面。花朵都朝外开""家家户户的窗子前都是花团锦簇""每一家都是这样""家家户户的窗口上都开满了鲜花"这些句子进行品味,对连续出现的六个"都"字进行咀嚼,使学生感受到德国人爱花之真切。

在这一板块,我们的教学应该怎么进行呢?

第一步,"举一"。季老在这篇文章中写到了一个特殊的人物,这个人物就是他在德国哥廷根留学期间的女房东。季老问他的女房东:

你这样养花是给别人看的吧!她莞尔一笑,说:"正是这样!"

我们让学生思考什么是"莞尔一笑"。"莞尔一笑"这个词写得非常传神,这种笑非常自然,一点儿都不刻意,它要传递的,是"这样养花,在我们德国人看来太平常了"这个意思。

为什么太平常了?因为不光他们,他们的父母也是这样养花的呀!不光他们的父母,他们的爷爷奶奶也是这样养花的呀!不光他们的爷爷奶奶,他们的祖先也是这样养花的呀!这样养花是他们的习俗,是他们的文化。所以,她的笑是"莞尔一笑",非常自然。

这就是"举一",所举之一就是女房东,"举一"是为"反三"。

第二步,"反三",由女房东推向德国人。我们现在来解读德国人的"莞尔一笑"。这是文章的一个空白点,因为除了女房东,文章并没有写其他德国人。假如把这个问题抛给其他德国人,他们的反应会是什么?

比如说,如果当时作者问的不是女房东,而是当地的一位牧师,他会怎么说？牧师的反应会很惊讶吗？会很不屑吗？肯定不会。牧师不一定会"莞尔一笑"，但他的回答是可以确定的，那就是"正是如此"。

不光是牧师，在这个想象的画面当中，我们还可以把人物置换成各种各样的人。如果你要坐马车，你就去问一位当地的马车夫："先生，你们这样养花是给别人看的吧？"马车夫也许不是"莞尔一笑"，而是爽朗地哈哈大笑："对对对，正是如此！"

你可以去问当地的一位中学生，中学生回答你的时候，不一定"莞尔一笑"，他可能会羞涩地一笑："对，正是如此！"

你还可以去问当地的一位大学教授，这位大学教授可能会一本正经地跟你说："对，正是如此！"

你甚至可以去问当地的一位清洁工，他可能会低着头轻轻地说："对，正是如此！"

你这样问他们，牧师可能这样说，马车夫可能这样说，中学生可能这样说，大学教授可能这样说，当地的清洁工可能也这样说。可是，你这样问的依据在哪儿？是那六个"都"字！因为家家户户都是这样养花的，每一家的窗户前都是这样的景象。这就是依据。

第三步，连接。解读风景背后的风情，把"家家户户的窗子前都是花团锦簇、姹紫嫣红。许多窗子连接在一起，汇成了一个花的海洋""家家户户都在养花""把花都栽种在临街窗户的外面"都联系起来，你就会发现，有这样的花，是因为有这样的人。文化是人类特有的现象，习俗是人类特有的现象。

第三个板块：领略风情奇特，体认爱花真切。

现在，我们进入第三个板块。其实，这个板块已经接近核心目标。这一板块的主要任务是由人上升到文化。因为个体的人的行为还不是文化，只有群体的行为，或者说一个族群的行为，才可能说是习俗和文化。这里的群体或族群，指的是所有的人，也就是人人。因此，这一板块的主要任务就是通过对"人人为我，我为人人。我觉得这一种境界是颇耐人寻味的""变化是有的，但是美丽并没有改变"等关键句的解读，来体会爱花在德国真的是一种独特的风情。

怎么做？

第一步，创设语境。让学生身临其境，你要创设的情境可以是：弹指一挥间，四五十年过去了。课文的作者写道："我再次踏上德国的土地，映入我眼前的是这样一幅画卷。"什么画卷？让学生写。我相信绝大多数学生写下的画卷会是这样的："走过任何一条街，抬头向上看，家家户户的窗子前都是花团锦簇、姹紫嫣红……让我们看的人如入山阴道上，应接不暇。"这样的情境创设，你看，有想象，有积累，也有语言的运用。

第二步，转换语境。让学生感同身受，你要创设的情境可以是：如果时光倒流到一百年前，你首次踏入德国的土地，你一定也会看到这样的画卷。什么画卷？"走过任何一条街，抬头向上看，家家户户的窗子前都是花团锦簇、姹紫嫣红。"依然是这样的画面，依然是这样的场景，依然是这样让你回味感慨的境界。

第三步，强化语境。让学生深信不疑，你要创设的情境可以是：如果时光可以穿越，来到2050年，你踏入德国的土地，你一定也会看到这样的画卷。我想我不需要再说什么画卷了。到这个时候，水到渠成、瓜熟蒂落,学生们自然而然地明白,这叫风情,这叫文化。

刚才我们通过一个案例,说明应该怎么来分析学情。我们现在简单地回顾一下。

第一步,学什么?确定《自己的花是让别人看的》这一课的教学内容,在作者真诚、素朴的语言表达中感悟德国人爱花之真切。这一奇特的民族风情和文化,是我们这一课要学的内容,而不是"人人为我,我为人人"的道德说教。

第二步,谁在学?通过问卷调查,我们发现学生在学习这篇课文的时候,存在一个比较明显的认知误区:他们认为德国人这样养花,表现了他们高尚的道德情操,即"人人为我,我为人人"。这是最真实的学情,同时也是具体而又准确的学情。因此这堂课的难点,就是要把这个认识误区扭转过来。

第三步,怎么学?根据教学内容和学情调查,我们设计了三个板块的教学:第一板块,感受风景奇丽,触摸爱花真切;第二板块,解读风景密码,咀嚼爱花真切;第三板块,领略风情奇特,体认爱花真切。通过这三个板块的教学,最后使学生体悟到这样养花是德国的风情,是德国的文化。

学情具体怎么分析?三个步骤,前面我已经讲得非常清楚了。

不知道大家有没有忘记我一开头抛出的那个案例?就是我自己在上《桃花心木》时让学生提的那些问题。在我的课堂教学当中,我并没有让学生讨论,比如怎么才能经得起生活的考验,怎么才能锻炼出一颗独立自主的心,怎么才能把很少的养分转化为巨大的能量，怎么才能努力生长这样的问题，我没有让他们沿着这个方向学。为什么呢？因为这些都不是这堂课的主旨。

也就是说，在让学生提问之前，我心里就已经非常清楚这堂课我要让学生学的是什么了。这堂课，我要让学生学的是"不确定"。"不确定"是这个文本的主旨，也是这堂课最有价值的人文关怀。

因此，如果沿着学生提出的这些问题继续往下走，这堂课就有可能变成一堂励志课，但我认为那是庸俗的，它显然违背了这堂课的初衷。

《桃花心木》这篇课文的真正核心，这篇课文最有价值的主旨，或者说林清玄先生写作这篇文章最核心的意图，就是要让读者明白：生活当中到处都有不确定。当我们接受了这一点的时候，我们才能像桃花心木一样茁壮成长。所以，"不确定"是核心，"不确定"是关键。

于是，当学生提出这类问题的时候，我在现场有一个点拨和引导。学生的这些问题我不能不正视，但是这些问题不能成为我教学的主要内容。我让学生重读这段话，我跟他们说，其实他们所提问题的答案，就在这段话当中。

我说："你们读一读，怎么才能经得起生活的考验？怎么才能锻炼出一颗独立自主的心？你们发现了吗？"学生们恍然大悟，原来，只有在不确定中生活，或者说接受生活的不确定，人们才能经得起生活的考验，才能锻炼出一颗独立自主的心。原来方法就在这段文字当中。

这个时候，有学生提出了很有价值的问题："为什么在不确定中生活,就能经得起生活的考验?为什么在不确定中生活,就能锻炼出一颗独立自主的心?为什么在不确定中生活,就能把很少的养分转化为巨大的能量努力生长?"

这才是真正的学情,这才是这堂课要解决的核心问题,这才是教学要奔向的最重要的方向。

总之,我认为在真实的语文课堂上,从来就没有抽象的学情,所有的学情都与教学内容密切相关,教学内容才是把握学情的参照系。

因此,真正知道学情的不是学生,而是我们老师。我认为这既是做老师的教学责任,也是做老师的教学良知。

第二讲

语文教师如何创新课堂教学模式

课堂教学需要模式，但课堂教学不能模式化。规避模式化的根本路径就是创新，不断进入模式，又不断打破模式，螺旋式上升，生生不息。

解析"千课一面"的成因

我觉得目前常态的语文课堂教学有一个突出的问题：从模式层面来看"千课一面"，几乎所有的课都是一样的上法。比如说，一开始，板书课题，让学生读一读题目，说说从这个题目中读懂了什么，问学生还有些什么问题；然后，让学生把整篇课文读一遍，接着就是检查预习情况，把课文当中出现的一些生字和新词拿出来让学生读一读，困难的词解释一下；再接着，进入课文，逐段教学；学完以后，再进行课文整体小结，如果有必要，做一个拓展；最后就是完成课堂练习，稍稍好一点儿的老师，可能还会安排一些读写迁移的小练笔。

我们的语文课，一般是按照这个程序进行教学的。很多老师不管文体的类型和特征，小说是这样教，散文是这样教，诗歌是这样教，童话、寓言故事也是这样教；不管学段，低段是这样教，中段是这样教，高段也是这样教；也不管学生的学习进度，学期初是这样教，期中是这样教，到期末，还是这样教。这就是我们绝大多数语文课的常态——"千课一面"。

"千课一面"带来的最大问题，就是我们的课堂慢慢地失去了教学吸引力。一方面，等到学生熟悉了你的教学套路以后，他对你的课就几乎没有了期待。你接下来要干什么，他清清楚楚；最后你会干什么，他明明白白。一旦学生对你的教学没有了期待，他往往就无法产生学习的渴望。

另一方面，对你的课堂教学失去兴趣的，不光是你的学生，也包括你本人。这就是我们常说的职业倦怠。职业倦怠是怎么产生的？在很大程度上，是由你自己一手造成的。

因为你的课毫无创意、毫无新意、毫无改变，你日复一日、月复一月、年复一年地唱着那首古老的歌，涛声依旧，死水微澜。这样的教学，这样的课堂，这样的职业，怎么能不让你失去对它的惊讶、关切和热情？所以，产生职业倦怠是迟早的事情。

"千课一面"的破解之道

正因如此，课堂教学模式的创新，就显得非常有必要。一方面，通过课堂教学模式的创新，我们可以提高教学对学生的吸引力；另一方面，通过课堂教学模式的创新，我们可以逐渐走出职业的倦怠和麻木，重新唤起对职业的憧憬和向往。

课堂教学模式的创新，思路可能有很多，方法和策略也有很多。

不过我想，有没有那么一把金钥匙，可以帮助我们打开课堂教学模式创新这把锁？抓住了这把金钥匙，很多问题就可以迎刃而解。以我多年的教学经验和体会，我认为是有的。

这把金钥匙，我称之为"陌生化"。正是课堂教学模式的陌生化，让学生对你的课堂产生期待，因为他可能永远也不知道你下一步想干什么。这个时候，你的教学就充满了张力，充满了魅力，充满了吸引力。

那么，什么是陌生化？陌生化对课堂教学模式的创新究竟意味着什么？在教学实践当中，我们应该怎样来实施陌生化的思路和策略？

其实，"陌生化"的概念最早不是来自课程论和教学论。它原本是一个著名的文学理论，是由俄国形式主义评论家什克洛夫斯基提出来的。什克洛夫斯基论述陌生化的时候，有一段非常经典的名言，他是这样说的："艺术的目的是要人感觉到事物，而不是仅仅知道事物。"请注意，"感觉"和"知道"是不同的。从感觉这个目的出发，艺术的技巧就是使对象变得陌生，使形式变得困难，从而增加感觉的难度和时间的长度。当然，这个时间是指感觉的时间。感觉的过程本身就是审美的过程，所以时间必须设法延长。

在这段论述中，我们要把握两个关键。第一个关键，在什克洛夫斯基看来，艺术的目的是要使人感觉到事物本身的存在。第二个关键，通过陌生化的方式和手段，让原本熟悉的事物在人们面前突然变得陌生。一陌生，人们才可能会关注它，感觉才可能在这个时候发生，或者说，才可能让那个形式的感觉变得困难起来。于是，这个时候，你感觉的强度、精度、广度和密度才可能大大地增加。

因此，陌生化强调的是在内容与形式上违反常情、常理、常事，同时在艺术上超越"常境"。跟陌生化相对的是什么？是这个"常"，常态的"常"，平常的"常"，习以为常的"常"。这个"常"，会削弱和遮蔽人们对事物的感觉，所谓习以为常、熟视无睹，你看到某个事物的时间长了，感觉就会钝化，好像这个事物并不存在。所以陌生化是对常情、常理、常事、常境的一种超越，这是它的内涵所在。当然，这是就文学与艺术的创作和评论而言的。

据此，我们会联想到一些词。比如，陌生化常常意味着革故鼎新，没有"新"就没有陌生化。反过来说，没有陌生化就没有"新"。比如，我们会想到"出乎意料"，如果在意料之中，那就不是陌生化，出乎意料才叫陌生化。我们还会想到"超乎想象"，能够想象得到，能够猜想得到，那就谈不上陌生化，陌生化要超乎一般人的想象。我们还会想到"别具一格"，通过陌生化创造出来的东西一般都别具一格。也就是说，它有别于我们平常所看到的那个"格"，那个形式。我们还会想到"与众不同"，跟别人比，跟常态比，陌生化的你是不同的，是有个性的。我们还会想到"别出机杼"，你的心思是一般人揣摩不到的，你的技巧是一般人想象不到的，这就是陌生化。我们还会想到"独树一帜"，如果你的思想是独树一帜的，你的观点是独树一帜的，那么我们可以说，你的思想、你的观点是陌生化的。我们还会想到"别具匠心"，借由陌生化的创造，我们可以感受到那颗与众不同的匠心。我们还会想到"另辟蹊径"，人们经常走这条路，但是你走的是别人没有走过的那条路，这就是陌生化。

我们还会想到"别出心裁""别开生面""标新立异"……

我为什么不厌其烦地列举这些成语？其实，是为了唤醒我们的老师。当你的教学实现了陌生化之后，我相信你的课堂一定会具有吸引力，你一定能够把学生的注意力牢牢地吸引到学习内容上，而注意力是学习的基础。

对课程论、教学论而言，对我们日常的课堂教学而言，陌生化的理论到底意味着什么呢？

我觉得，作为创新课堂教学模式的基本思路和策略，陌生化强调的是课堂教学模式所造成的异乎寻常的效应。请注意，一定是"异乎寻常"的效应，只有这样，你的教学内容才能被学生充分感知。学习的发生始于注意，始于感知。只有当你的教学内容被学生充分感知时，所谓的思维、情感、创新，才有可能接连不断地发生，你的教学才有可能产生吸引力。因此，创新课堂教学模式，我们应该牢牢把握住"陌生化"这一把金钥匙。

陌生化课堂教学模式的创新策略

我们应该怎么来落实陌生化课堂教学模式创新的思路和策略呢？我想从四个方面来谈一谈这个问题。第一，文本解读的陌生化；第二，教学线索的陌生化；第三，教学结构的陌生化；第四，教学方式的陌生化。如果我们能够在这四个维度上实现课堂教学模式的陌生化，那么，我们的课堂必将拥有强烈的教学吸引力。

文本解读的陌生化

文本解读的陌生化，是说当一个文本出现在你眼前的时候，你要做到入乎其中，出乎其外；你更要做到见人所未见，发人所未发。也就是说，大家都能读出来的，你也需要读出来，但是你更应该读出一般的人所读不出来的。我们来举一个例子，人教版小学《语文》教材第8册第27课《鱼游到了纸上》。课文是这样写的：

> 西湖有很多地方可以观鱼。我喜欢花港，更喜欢"泉白如玉"的玉泉。
>
> 玉泉的池水清澈见底。坐在池边的茶室里，泡上一壶茶，靠着栏杆看鱼儿自由自在地游来游去，真是赏心悦目。茶室的后院还有十几缸金鱼呢，那儿也聚集着许多爱鱼的人：有老人，有孩子，也有青年。
>
> 就在金鱼缸边，我认识了一位举止特别的青年。他高高的身材，长得很秀气，一对大眼睛明亮得就像玉泉的水。
>
> 说"认识"，其实我并不了解他，只是碰到过几次罢了。说他"特别"，因为他爱鱼到了忘我的境界。他老是一个人呆呆地站在金鱼缸边，静静地看着金鱼在水里游动，而且从来不说一句话。
>
> 一个星期天，我到玉泉比平时晚了一些。金鱼缸边早已挤满了人，多数是天真活泼的孩子。这些孩子穿着鲜艳的衣裳，好像和金鱼比美似的。

"哟,金鱼游到了他的纸上来啦!"一个女孩惊奇地叫起来。

我挤过去一看,原来是那位青年在静静地画画。他有时工笔细描,把金鱼的每个部位一丝不苟地画下来,像姑娘绣花那样细致;有时又挥笔速写,很快地画出金鱼的动态,仿佛金鱼在纸上游动。

围观的人越来越多,大家赞叹着,议论着,唯一没有任何反应的是他自己。他好像和游鱼已经融为一体了。

我仍旧去茶室喝茶,等到太阳快下山才起身往回走,路过后院,看到那位青年还在金鱼缸边画画。他似乎忘记了时间,也忘记了自己。

"你真专心哪!"我忍不住轻声对他说。没想到他头也不抬,理也不理我。

"好骄傲的年轻人。"我正想着,目光落到他胸前的厂徽上,心不由得咯噔一跳!"福利工厂",原来,他是个聋哑人!

我们开始用笔在纸上交谈。他告诉我,他学画才一年多,为了画好金鱼,每个星期天都到玉泉来,一看就是一整天,常常忘了吃饭,忘了回家。

我把那个女孩说的话写给他:"鱼游到了你的纸上来啦!"

他笑了,笑得那么甜。他接过笔在纸上又加了一句:"先游到了我的心里。"

读了这篇课文,我想大家应该已经基本了解了其中的主题思想。那么,这样一篇文章,我们通常会有哪些解读?在通常的解读基础之上，我们能不能做出属于自己的陌生化的解读？一般来说，对《鱼游到了纸上》这篇课文的主旨，教参、别人的教学设计方案，你自己在备课时，会有这样一些解读。

第一种解读，热爱生活。这个青年在玉泉看鱼、画鱼，而且非常投入，往往一来就是一整天，这说明他非常热爱自己的生活。这是一种解读。这种解读具有一定的普遍性。既然把文本的主旨定位在热爱生活上，你就会在这个文本当中寻找各种材料，寻找蛛丝马迹，来证明这个青年的确是热爱生活的。

第二种解读，也是一种比较常见的解读——身残志坚。这个青年是福利工厂的，是个聋哑人。尽管这个特殊身份是在课文的结尾处被揭示出来的，但是这种揭示十分具有张力和冲击力。哦，他观察得那么仔细，画得那么好、那么活灵活现，可没想到他竟然是个聋哑人！这个时候，人们自然而然地会对这个年轻人心生一份敬意。一个残疾人多不容易，然而他学画才一年多，竟然就取得了如此成就，有了如此深的造诣，不能不说，他是一位身残志坚的人，是一个非常好的榜样。这种解读，也很普遍。上网去搜索一下，你就会发现有很多老师都把《鱼游到了纸上》当作身残志坚的一个范本来进行教学。

第三种解读，勤奋专注。就说专注吧，这个年轻人无论是看鱼，还是画鱼，神情都是高度集中的，可以说是全神贯注、聚精会神、一丝不苟。他在看金鱼的时候，一看就是一整天。玉泉人来人往，川流不息，还有各种嘈杂的声音，可这些都没有影响到他对金鱼的观察。他在画鱼时也是这样专心致志，一会儿白描，一会儿写意，鱼画得很像，画得活灵活现。而这个专注又离不开他的勤奋。他平时要上班，但是一到休息日他就到这里来。这个时候，别人可能在睡懒觉，可能在逛街，可能在旅游，而他却在如此美妙的玉泉，专心致志、勤奋刻苦地做他所热爱、所痴迷的事情。

这三种解读——热爱生活、身残志坚、勤奋专注，都有它的道理，都有它的合理性。但是这三种解读都属于常态解读。也就是说，你读得出来，人家也读得出来。而且说句老实话，在你读出来之前，人家早就读出来了，甚至你的学生也都读得出来，只不过在理解、表达上可能会跟你有一些出入。如果我们都按照这样的主旨来解读这个文本，来处理和加工教学内容，那么我们的课就极有可能不会给学生带来期待，带来惊讶，带来张力。

那么，如果对这个文本进行陌生化解读，我们还能读出一点儿什么东西来呢？当深入《鱼游到了纸上》这个文本的时候，我们就会发现，这个文本有一些非常特殊的段落，在这些段落当中，有一些看起来很不起眼的词句，但这些词句却能带给我们很深入的启示。最后，读着读着，我们对这个文本主旨的理解，就悄然发生了变化。我们读出了什么呢？读出了宁静致远。对于像《鱼游到了纸上》这样的文本来说，这样的主旨解读并不多见。这就是所谓的"见人所未见，发人所未发"。

诸葛亮在《诫子书》中有句名言："非淡泊无以明志，非宁静无以致远。"其实，这是一种非常高的生命境界。有些老师说："你这样读，有没有具体的依据？有没有落实到这个文本的字里行间？"有的。

我们来看，这篇课文当中有这样一段话：

说"认识"，其实我并不了解他，只是碰到过几次罢了。说他"特别"，因为他爱鱼到了忘我的境界。他老是一个人呆呆地站在金鱼缸边，静静地看着金鱼在水里游动，而且从来不说一句话。

在这个语段当中有一个词很不起眼，你可能会走马观花似的一看就过去了。但是，如果你沉入文本，字斟句酌的话，你就会发现这里有一个很有嚼头的词语。这个词语就是"静静地"。"他老是一个人呆呆地站在金鱼缸边，静静地看着金鱼在水里游动，而且从来不说一句话。"请注意，我们可以把这个词删掉，删掉后的句子是这样的："他老是一个人呆呆地站在金鱼缸边，看着金鱼在水里游动，而且从来不说一句话。"通不通？通的。会不会影响意思的表达？我看一丁点儿都不会。

但是，加上"静静地"这个词之后，整个句子的味道、内涵却发生了变化。"静静地看着"，说明他的心一定是静的，因为相由心生。他没有杂念，没有其他想法，他心如止水。

因为他的内心是宁静的，所以他才能够做到静静地看着金鱼在水里游动。早上这样看，中午这样看，傍晚这样看。人多的时候，大家都围在一起的时候，有各种嘈杂声的时候，他这样看；人少的时候，大家都散开的时候，只有他一个人，看起来很孤独、很寂寞的时候，他也是这样看。他就这样静静地看着金鱼在水里游动。正是这段文字中"静静地"这个词，引起了我们的高度关注。

我们再来看，作者写道："我挤过去一看，原来是那位青年在静静地画画。"发现没有？第二次出现"静静地"这个词。"他有时工笔细描，把金鱼的每个部位一丝不苟地画下来，像姑娘绣花那样细致；有时又挥笔速写，很快地画出金鱼的动态，仿佛金鱼在纸上游动。"注意，这个时候围观的人越来越多。大家赞叹着，议论着，唯一没有任何反应的是他自己。他处在寂静的世界里，静静地看，静静地画，他的心、他的笔和水里的游鱼已经完全融为一体了。

前面是"静静地看"，后面是"静静地画"。如果说"静静地画"也是一种表象的话，那么相由心生，这进一步表明这个青年的内心是非常宁静的，没有杂念，没有纠结，心就像止水一样。《大学》里说："知止而后有定，定而后能静，静而后能安，安而后能虑，虑而后能得。"他画出来的鱼活灵活现，让人赞叹，这是"得"。"得"来自什么？来自他的"止"，来自他的"定"，来自他的"静"。所以，这里的"静静地画"，其实跟前面的"静静地看"是一脉相承的。有了前面的"静静地看"，才有后面的"静静地画"。这两个"静静地"分明在表达和传递这个青年内心的一种状态，这个状态就是，"非淡泊无以明志，非宁静无以致远"。

我认为这就是他的状态。你看，大家围在一起的时候，他在静静地画；没人关注他的时候，他也在静静地画。春天，公园里百花盛开，他在如此美妙的环境当中静静地画；秋天，公园里落叶一片一片地飘下来，但这一切对他来说仿佛都不存在，他依然是静静地画。有时是工笔细描，有时是挥笔速写。他所有的精、气、神，全部都贯注到他的那一支笔上。这个时候,他的心和他的鱼,已经完完全全地融合在了一起。"他好像和游鱼已经融为一体了",就是对他宁静致远的一个绝妙的诠释和注脚。

所以,《鱼游到了纸上》这篇课文,你可以把它解读成热爱生活,把它解读成身残志坚,或者把它解读成勤奋专注。但是我认为,这个故事和这个人物的背后,有更有味道的意蕴,这个意蕴就是宁静致远。在当今社会,这种人文关怀显得尤为重要。我们都知道,当代人的生活太过浮躁。每个人都在忙,但是在忙了之后,又不知道自己最终想要什么。所以,这个青年所呈现的一种宁静致远的生命状态,对我们来说,无疑是一种非常好的心灵鸡汤。

你看,这就是文本的陌生化解读。这种陌生化解读毫无疑问会使你的课堂教学充满吸引力。你的理解人家想不到,你的理解出乎人的意料,因此它能让人对你的教学充满期待。

教学线索的陌生化

教学线索是指一堂课的教学主线。任何一堂课都有一个有机的线索,但是我们绝大多数的教学线索都不具有陌生化的特征。也就是说,你后面会走哪一步,人家早在你上课之前就已经猜到。而我们讲教学线索的陌生化,就是要人家想不到——原来,课还可以按照这样的线索来推进!

我们也来举一个例子,这是人教版小学《语文》教材第10册第27课《与象共舞》,赵丽宏先生的作品。课文是这样写的:

在泰国，如果你在公路边或者树林里遇到大象，那是一件很自然的事。不必惊奇，也不必惊慌，大象对人群已经熟视无睹，它会对着你摇一摇它那对蒲扇般的大耳朵，不慌不忙地继续走它自己的路，一副悠闲沉着的样子。

象是泰国的国宝。这个国家最初的发展和兴盛，和象有着密切的关系。大象曾经驮着武士冲锋陷阵，攻城守垒；曾经以一当十、以一抵百地为泰国人做工服役。被驯服的大象走出丛林的那一天，也许就是当地生产、生活发生较大变化的日子。泰国人对大象存有亲切的感情，一点儿也不奇怪。

在国内看大象，都是在动物园里远观，人和象离得很远。在泰国，人和象之间没有距离。很多次，我和象站在一起，象的耳朵拍到了我的肩膀，象的鼻息喷到了我的身上。起初我有些紧张，但看到周围那些平静坦然的泰国人，神经也就松弛了。在很近的距离看大象，我发现，象的表情非常平静。那对眼睛相对它的大脑袋，显得极小，目光却晶莹温和。和这样的目光相对，你紧张的心情自然就会松弛下来。

据说象是一种聪明而有灵气的动物。在泰国，大象用它们的行动证实了这种说法。在城市里看到的大象，多半是一些会表演节目的动物演员。在人的训练下，它们会踢球，会倒立，会用可笑的姿态行礼谢幕。最有意思的是大象为人做按摩。成排的人躺在地上，大象慢慢地从人丛里走过去，它们小心翼翼地在人与人之间寻找落脚点，每经过一个人，都会伸出粗壮的脚，在他们的身上轻轻地抚弄一番，有时也会用鼻子给人按摩。有趣的是，它偶尔也会和人开开玩笑。有一次，我看到一头象用鼻子把一位女士的皮鞋脱下来，然后卷着皮鞋悠然而去，把那位躺在地上的女士急得哇哇乱叫。脱皮鞋的大象一点儿也不理会女士的喊叫，用鼻子挥舞着皮鞋，绕着围观的人群转了一圈，才不慌不忙地回到那位女士身边，把皮鞋还给了她。那位女士又惊奇又尴尬，只见大象面对着她，行了一个屈膝礼，好像是在道歉。那庞大的身躯，屈膝点头时竟然优雅得像一个彬彬有礼的绅士。

最使我难以忘怀的，是看大象跳舞。那是在芭堤雅的东巴乐园，一群大象为人们表演。表演的尾声，也是最高潮，在欢乐的音乐声中，象群翩翩起舞，观众都拥到了宽阔的场地上，人群和象群混杂在一起舞之蹈之，热烈的气氛感染了在场的每一个人。舞蹈的大象，没有一点儿笨重的感觉，它们随着音乐的节奏摇头晃脑，踮脚抬腿，前后左右颤动着身子，长长的鼻子在空中挥舞。毫无疑问，它们和人一样，陶醉在音乐之中了。这时，它们的表情仿佛也是快乐的。我想，如果大象会笑，此刻所展示的便是它们独特的笑颜。

《与象共舞》这篇课文的教学，有两种最基本的教学线索。这两种教学线索都围绕着同一个核心问题展开，那就是——在泰国，人和象的关系到底是怎样的？我们读过这篇课文以后，都会有一个非常鲜明而强烈的感受——在泰国，人和象之间的关系是亲密无间的。于是，围绕着这一点，就有了两种教学线索。

第一种，演绎式的线索。所谓"演绎式的线索"，就是先通过整体感知，把"在泰国，人和象之间的关系是亲密无间的"中的"亲密"这个中心词提炼出来，然后由这个大前提去推各种小前提：你是怎么看出在泰国，人和象之间的关系是亲密无间的？如果你一段一段地去看，你就会发现，第一段中，人遇到大象很自然，这说明人和象之间的关系是亲密的；第二段中，"象是泰国的国宝"，这说明人不仅和大象关系亲密，还十分尊重它们；第三段中，"人和象之间没有距离"，那更是直截了当地表明了人和象之间的关系是亲密无间的；再往下一段，"象是一种聪明而有灵气的动物"，象会给人做按摩，被按摩的人十分信任大象，这说明他们之间的关系毫无疑问是亲密的；最后一段，是和大象一起跳舞。谁和大象一起跳舞？是那些观众，是人群，从中也可以看出人和象之间的关系是非常亲密的。这条线索先有个大前提——"亲密"，然后据此去寻找各种小前提，因此我把它称为演绎式的线索。

第二种，归纳式的线索。所谓"归纳式的线索"，指的是先不把最后的结论提出来，而是让学生进入文本，一段一段地去学，在学的过程中去发现。比如，人遇到大象很自然，这说明人和象之间的关系怎么样？他们之间的关系很亲密、很友善。很好，继续往下。最后归纳起来，得出一个结论：在泰国，人和象之间的关系是亲密无间的。这样的线索，我把它称为归纳式的线索。

前面是演绎式，后面是归纳式。但是，这样的线索是常见的，你想得到，别人也想得到。教参里就是这样建议的，很多老师的教学设计就是这样处理的。这个时候，如果你还是按照演绎式或者归纳式的线索来实施你的教学，你的课堂就会缺乏陌生感，缺乏吸引力。那么，我们有没有可能找到一条别人想不到的教学线索呢？其实，动一动脑筋，挑战一下自己的认知惰性，是完全可以找得到的。

比如线索一，我们可以既不走演绎式，也不走归纳式。我们只抓一条线索，这条线索就是作者本人——赵丽宏先生，抓他对大象的感情变化这条线索。这是一般人想不到的线索。事实上，在这篇课文中，作者对大象的感情是有起落的。一开始作者说："在泰国，如果你在公路边或者树林里遇到大象，那是一件很自然的事。不必惊奇，也不必惊慌。"其实，这些话都是作者听人家说的。这是他一开始的感情。然后呢？当他真的来到活生生的大象的边上，跟大象眼对眼，甚至当大象的鼻息喷到自己身上的时候，他的反应是紧张！一直等他看到别人很自然地跟大象接触，他才慢慢地放松下来。这里面的感情就有变化了。再往下，感情的变化就更加明显了。当他看到大象非常聪明而有灵气，特别是当他去看大象给人做按摩的表演时，成排人躺在地上，大象走过来，在人群之间找落脚点，用那粗壮的脚在人身上轻轻地按摩，有时候它甚至用它长长的鼻子给人做按摩。这个时候，作者的感觉是什么？他不再紧张，觉得太有意思了，他的感情又发生了变化。最后，与象共舞。在东巴乐园里，看完大象的表演，音乐声响了起来，人们都拥到场地上跟大象一起跳舞。这时候，人和象已经完全地融为一体了。大象陶醉了，人也陶醉了；大象快乐，人也跟着一起快乐。作者的情绪也达到了一个高点。

这是不是可以作为一条教学线索？完全可以。这样的线索，很多老师平时可能想不到。我们平时的教学，往往不是用演绎式，就是用归纳式。如果你用"'我'对大象的感情变化"作为你的教学主线，你的整个课堂教学模式就会有一种陌生化的效果。

我们再来看线索二，这也是一条陌生化的线索。我别的不抓，只抓两个点，就是课文当中的两个"最"。第一个是"最有意思"，第二个是"最使我难以忘怀"。说句老实话，《与象共舞》这篇课文读下来，留给我印象最深的也就是这两个画面。

"最有意思"的是什么？是大象给人做按摩！你想想看，那么庞大的身躯，那么笨重粗壮的腿脚，竟然能够给人做按摩，这不是非常有趣吗？如果你有过这样的体验和经历，你一定难以忘怀。这个"最"，最有意思。

那么，"最使我难以忘怀"的又是什么？是和大象一起跳舞，与象共舞。你怎么也想象不到，大象竟然会随着音乐的节奏，舞之蹈之，时而摇头晃脑，时而踮脚抬腿，长长的鼻子在空中挥舞。与大象一起跳舞，那真的是令人难以忘怀！用作者赵丽宏先生的话来说，那是匪夷所思的画面，大象和人类的合作是真正的天作之合。

你看，我就抓这两个点，就可以使教学线索陌生化。如果你的教学以这两个"最"作为切入点，我想你的课应该会有相当大的吸引力，会使你的学生对已经预习过的内容产生新的期待！

现在，我们来看线索三，抓课题。课题叫什么？"与象共舞"。按照我们命题作文的思路，既然课题是"与象共舞"，那么，课文的主体部分就该写和大象一起跳舞。但是当你从课题切入之后，学生们就迅速发现了问题。

什么问题？因为第一自然段没有写与象共舞，第二自然段没有写与象共舞，第三自然段没有写与象共舞，第四自然段没有写与象共舞，一直到第五自然段才写了与象共舞。于是就产生一个矛盾了。课文的题目不是"与象共舞"吗？可为什么从第一自然段到第四自然段，也就是说课文的主要篇幅，都没有写与象共舞？

这个冲突和矛盾，恰恰能够引发学生对文本内涵的深入解读，特别是对"与象共舞"这个内涵的深入解读。这样的教学线索出乎意料、超乎寻常，是很多老师想不到的。人家想不到的，你却在课堂上呈现了，于是，你的教学就自然具有了强大的吸引力。

还有别的陌生化的线索吗？其实，只要解放思想，开动脑筋，我们就可以发现更多的陌生化的线索。

线索四，作者不是说"人和象之间没有距离"吗？我们就紧紧地扣住这个"没有距离"，一个层次、一个层次地展开。这又是一条陌生化的教学线索。

"没有距离"的第一个层次是人和象之间的身体没有距离。你看，在泰国，在公路边，在树林里，甚至在街道上，人都有可能遇见大象。大象来到人的身边，它的鼻息喷到人的身上，人不紧张、不害怕，显得很轻松。这个时候，就是身体之间没有距离。第二个层次是人和象之间的感情没有距离。象是泰国的国宝，曾经和武士们冲锋陷阵，出生入死。所以，在泰国，人们对大象的感情特别深厚，他们的感情之间没有距离。接下来再提升一个层次，那就是人和象之间的心灵没有距离。最能说明这一点的，是课文的最后一段。

从表面上看，这一段写的是人和大象一起跳舞，是一种表达和呈现。其实不然，跳舞的时候，人和象之间是有心灵感应的，他们之间的心灵已经没有了距离，已经完全融为一体了。可以说，在观众心目当中，象就是人；在象的心目当中，人就是象。人和象已经高度合一了。

这三个层次——身体没有距离、感情没有距离、心灵没有距离，一个一个地递进，内涵也一层一层地加深。这样的教学线索，你不一定想得到。你一旦想到了，并且将其转化为课堂教学，你的课堂还会没有吸引力吗？

由此可见，教学线索的陌生化，也是增加你的课堂教学吸引力的一个重要维度。

教学结构的陌生化

教学线索是整体的，是教学各环节之间内在的逻辑联系，它是一条线。什么是"教学结构的陌生化"呢？是由线展开到面，由面展开到体。我们来举一个例子，人教版小学《语文》教材第12册第1课《文言文两则》，第二则是《两小儿辩日》，选自《列子·汤问》。课文是这样写的：

孔子东游，见两小儿辩斗，问其故。

一儿曰："我以日始出时去人近，而日中时远也。"

一儿以日初出远，而日中时近也。

一儿曰："日初出大如车盖，及日中则如盘盂，此不为远者小而近者大乎？"

一儿曰："日初出沧沧凉凉，及其日中如探汤，此不为近者热而远者凉乎？"

孔子不能决也。

两小儿笑曰："孰为汝多知乎？"

这篇文言文短小、精悍，但是内涵很丰富，也很有趣。对学生来说，理解这篇文言文难度不是很大。我看到，老师对这篇文章的教学，通常是线性的，表现在哪里呢？

第一步，初读，整篇文章反复地读，读正确，读流利。在初读的基础上，完成整体感知。文章讲什么？讲两个小孩子在辩论——到底是早上的时候太阳离我们近，还是中午的时候太阳离我们近。他们各自说了不同的理由，最后问孔子。孔子呢？他也不能决断到底谁对谁错。这就是初读。

第二步，细读，局部分析。课文具体是怎么写的？学生一段一段地读下去，碰到一些难词、难句，老师就解释、讨论一下，这就是第二步——细读梳理。

第三步，回读，整体观照。你怎么看两小儿辩日？你怎么看"孔子不能决也"？这就是整体观照。

一般的文言文教学，大致是按照这样的线性结构来展开的。

不瞒各位说，因为这样的线性结构太常见了，所以学生们在学习过程中往往提不起兴趣。他们知道你下一步会干什么，甚至知道你最后一步会干什么,这样的课堂,他们没有期待,没有惊讶。这样的课堂,缺乏吸引力。

那么,我们有没有可能创造性地设计一些教学结构呢?是否可以打破常见的线性教学结构,为他们制造惊喜,创造期待,激活他们内在的学习驱动力,不仅让他们充分感知到两小儿辩日的内容,也能引发他们的想象和思考呢?

大家看,这就是我们设计的一个陌生化结构。这个结构不走线性的路,它是板块结构。整节课的教学设计,分成三个大的板块,而且每一个板块又都是整体的,也就是说,每一个板块都会经历初读、细读、回读这样一个完整的教学过程。

第一个板块,是整体了解。我们采用的策略是线索钩沉,也就是把文本中故事情节的要点先提炼出来,然后引导学生寻找这些要点之间的关系。在这里,我们没有按照故事的起因、经过、高潮、结尾这样的线性结构来处理教学内容。

比如说,我们会把这几个关键词——车盖、盘盂、沧沧凉凉、探汤先拿出来让学生读一读,并说一说大概的意思,然后连线,觉得哪两个词可以连在一起,理由是什么。这是第一层次的线索钩沉。有的学生把"车盖"和"盘盂"连成一条线,把"沧沧凉凉"和"探汤"连成另一条线,理由是"车盖"和"盘盂"是第一个小儿的观察结果,"沧沧凉凉"和"探汤"是第二个小儿的观察结果。也有学生把"车盖"和"沧沧凉凉"连在一起,把"盘盂"和"探汤"连在一起,因为他们认为"车盖"和"沧沧凉凉"描绘的都是早上的太阳,而"盘盂"和"探汤"描绘的都是中午的太阳。

在此基础之上，我们把"车盖""盘盂"分别改成"大"和"小"，把"沧沧凉凉""探汤"分别改成"冷"和"热"，然后再加上一个"远"字、一个"近"字，让学生来寻找这几个字之间的对应关系。这是第二层次的线索钩沉。于是，有的学生把"大"跟"近"连在一起，把"小"跟"远"连在一起；有的学生把"热"跟"近"连在一起，把"冷"跟"远"连在一起。然后，我们再加上两个词"早上"和"中午"，线索越来越多了。随着线索的不断出现，两小儿辩日的焦点也被一次次地呈现出来了。

"一儿曰：'我以日始出时去人近，而日中时远也。'"

"一儿以日初出远，而日中时近也。"

两者的观点是相反的。其中一个理由是——"日初出大如车盖，及日中则如盘盂，此不为远者小而近者大乎？"而另一个理由是——"日初出沧沧凉凉，及其日中如探汤，此不为近者热而远者凉乎？"就这样，通过对关键词的梳理、对线索的钩沉，两小儿辩日的矛盾和冲突被呈现出来了。

这是第一个板块，具有整体性。对这个板块的处理，不同于一般的初读，整体感知，也不同于一般的细读，局部分析。它是在一个整体的语境之下对文本内容所做的重新加工和处理，因此，这个结构就有了陌生化的效果。

第二个板块，是整体体验。如果说在第一个板块，我们是站在旁观者的角度来解读这个文本线索的，那么到了第二个板块，我们就要入乎其中，就要感同身受，就要成为其中的一个角色了。角色扮演两小儿，同桌之间可以扮演两小儿，组与组之间可以扮演两小儿，老师和学生之间可以扮演两小儿。这是干什么？是创设情境，让两小儿辩斗。一儿曰，一儿曰；一儿曰，一儿曰……辩斗，不停地辩斗，在辩斗的过程中，加上肢体语言，加上表情，强调真理就在自己的手上。这是多么的有趣、好玩！通过角色扮演，学生对课文内容既有了一个整体的感知，又有了一个局部的观照。不过，总体来看，它还是一个整体的东西。

第三个板块，是整体把握。正当两小儿激烈地辩斗，谁也说服不了谁，不管怎么辩论都解决不了问题的时候，孔子出现了。两小儿满怀期待，以为孔子博学多闻，一定能够帮助他们解决这个问题。结果一问孔子，孔子"不能决也"。两小儿嘲笑孔子道："孰为汝多知乎？"谁说你博学多识呢？原来你也有解决不了的问题。

课文的情节到此打住了，但是，我们可以创造性地给它加个尾巴。我们已经通过线索钩沉对前面的内容进行了充分的感知，又通过角色扮演深入体悟了两小儿辩日时的情绪、神态以及心理活动，现在，孔子出现了，但又"不能决也"，那么后面会发生什么呢？

我们设想，如果孔子听了两小儿的嘲笑，他会怎么说？让学生发挥自己的想象力，加入自己的理解来写一写。有的说，"知之为知之，不知为不知，是知也"，这是孔子的名言。孔子有没有可能这样说呢？我认为完全有可能。有的说"后生可畏"，这其实也是孔子的话，说明他对少年寄予了希望。还有的说"吾生也有涯，而知也无涯"……学生们写了很多话，都非常富有哲理。通过增加结尾，我们使这个文本增加了内涵。

这样一个板块结构，确实有别于常态的线性结构。所以在这样的课里，学生充满期待。他们不知道老师下一步会下什么棋，会出什么牌。他们在课堂上始终抱有一份冲动，抱有一份期待。他们的学习是充满惊奇的。

这是第三个维度，教学结构的陌生化。

教学方式的陌生化

教学方式的陌生化有很多种，比如导入陌生化，点拨陌生化，练笔陌生化，拓展陌生化。下面我们简单地举几个例子。

首先，我们来看导入陌生化。人教版小学《语文》教材第 11 册有一篇课文《只有一个地球》，对这篇课文的教学，第一种导入是这样的——"同学们，我们都知道，地球是生命的摇篮，是人类共同的母亲。然而今天的地球却是满目疮痍。地球的出路何在？人类的出路何在？今天这节课，我们就来学习一篇和咱们赖以生存的地球息息相关的课文。请大家齐读课题'只有一个地球'。"这是一种导入。这种导入有陌生化的效果吗？基本没有。

第二种导入——"同学们，今天老师带你们乘坐中国自行设计和制造的'神舟'宇宙飞船到太空去旅行。请大家闭上眼睛，我们的飞船马上就要升空了。飞船已经升到了太空。请睁开眼睛观看太空美丽的景色。"这个时候老师播放相关视频，很清晰地呈现出地球的模样，最后定格。"同学们，这个蓝色的星球就是我们的地球，喜欢吗？请大家用一句话来夸一夸我们的地球。"这个导入有一定的陌生化效果。但是说句老实话，这种导入现在用得很多，效果已不再明显了。

现在，我们来看一种很有创意的导入。老师采用美国《时代》周刊评选年度新闻人物的方式来导入——

"同学们，美国有一家著名的杂志《时代》周刊。他们每年都会评选出一位年度人物。评选出来的人，往往在这个年度、在全世界的知名度特别高，影响力特别大。

"比如说，2001年，《时代》周刊评选出的年度人物是美国纽约市市长朱利安尼。为什么呢？因为大家都知道，那一年，美国纽约遭遇了恐怖事件。这个事件发生以后，这位市长带领纽约市民一起抗击恐怖袭击，措施果断有力，最后，迅速恢复了这个城市的秩序。

"但是，1988年《时代》周刊评选出了一位年度新闻人物，谁都没有想到。你们猜一猜，这个年度新闻人物会是谁呀？"

学生们猜呀猜呀，谁都没猜到。最后老师出示一张幻灯片，幻灯片上呈现的是地球。"那一年，《时代》周刊评选出的年度新闻人物，竟然不是人物，而是地球。"

这个时候，学生很惊讶，他们问：为什么《时代》周刊评选的年度新闻人物竟然会是地球呢？

老师说："想找答案吗？答案就在这篇课文里。"

这样的导入，就是一种陌生化的导入，这样的导入对学生们来说，就具有很大的吸引力。

其次，我们来看点拨陌生化。我们来看苏东坡写过的一首诗《饮湖上初晴后雨》：

水光潋滟晴方好，山色空蒙雨亦奇。
欲把西湖比西子，淡妆浓抹总相宜。

"水光潋滟"的"潋滟"有一定的难度。教师常态的点拨是怎么做的呢？请学生读一读课文的注释。"你们知道'潋滟'是什么意思吗？"学生说："潋滟就是波光闪动的样子。"读一读这个注释，也就过了。这样的点拨，不太具有吸引力。陌生化的点拨会怎么做呢？我们来看一个教学片段。

第一步，有学生提出来："老师，什么叫'潋滟'？"老师说："让我们一同来猜一猜，看看'潋滟'两个字可能跟什么有关。"很巧妙。先观察字形，学生马上就明白了。"哦，跟水有关，因为这两个字都有三点水。"第一个学生说。"也许就是水波一荡一荡的意思。"第二个学生说。"肯定是很美丽的，因为三点水还加一个'艳'字。"第三个学生说。这就是一种陌生化的点拨。观察字形，是它的第一步。

我们来看第二步。老师说："是的，那一定是非常漂亮的。'潋滟'让我们看到了水波荡漾的样子，你平时在哪里见过这水光潋滟的画面呢？"学生说："在西湖。""在我家旁边的池塘里。""上午，阳光照着西湖时，我看到了像水晶一样的湖面。"你看，这是第二步，调动了学生原有的生活积累。这也是一种陌生化的点拨，一般的人以为做到这一步就够了。

没想到老师还有第三步。"同学们，你们说，像水晶一样，那是怎样的漂亮？"老师一点课件，底下的学生发出"哇"的感叹声。

老师问："阳光照耀着水面，你觉得这水面像什么？"一个学生说："像明晃晃的镜子。"一个学生说："像一颗颗星星。"一个学生说："像洒了一湖面的水晶宝石。"一个学生说："像银河落在了九天。"老师说："这水光潋滟的景色太美了，难怪苏东坡会说'水光潋滟晴方好'。"

这是什么？激活学生们的想象。这样的画面，像镜子，像星星，像水晶宝石，像银河落九天，多美呀！你们看，就是这么一个很不起眼的词"潋滟"，这位老师通过观察字形、调动积累、激活想象，一下子让点拨充满了张力，充满了魅力，充满了教学的吸引力。

再次，我们来看练笔的陌生化。人教版小学《语文》教材第10册有一篇课文《威尼斯的小艇》。通常，我们的阅读教学都会涉及一些读写互动的小练笔，尤其是当我们把语文课上成学习语用的课的时候，这个练笔的意识会更强烈。那么，《威尼斯的小艇》这一课的练笔怎么来设计？要想做出具有陌生化效果的、出乎意料的教学设计，可以从以下五个角度思考。

第一，假如你是读者，想推荐《威尼斯的小艇》，请写一篇课文简介。你有一个交际对象，这个交际对象可能是你的爸爸或妈妈，也可能是其他人。你可能会说，这不就是练笔吗？但这个角度很新颖，因为有明显的交际目的。

第二，假如你是威尼斯的船夫，请你向游客们介绍一下小艇的特点和自己的驾驶技术。这个时候，你把自己给搁进去了。你不再是一个普通的读者，甚至不再是一个威尼斯的游客。你就是威尼斯的主人，是船夫。你向游客们推荐，说："哎呀，我的小艇非常有特色。你们看,这是我们的'贡多拉'——船头和船艄向上翘起,像弯弯的新月,行动起来轻快灵活,仿佛一条蛇。你们坐我的小艇,我绝对保证你们的安全,我操作小艇是游刃有余的!"这个时候的练笔,有着明确的身份定位。

第三,假如你是坐在船上的游客,请你描述一下自己在威尼斯的所见所闻和特殊感受。你坐在威尼斯的小艇上,看到了什么?你看到了河岸两边古老的建筑,你看到了跨越在河道上的各式各样的桥梁,你看到了两边的石块被水长期浸泡。这个时候,你是作为游客在谈感受。

第四,假如你是威尼斯旅行社的策划人员,请为威尼斯的小艇写几句广告词。你甚至可以为它起个绰号,"水上飞""星月"什么的,都可以。然后写几句有鼓动性的广告词,要有感染力。这样的练笔,角度也是非常新颖的。

第五,假如你是威尼斯的居民,请以"我为威尼斯而自豪"来写话。你们家世代居住在威尼斯,你们跟威尼斯这个城市同在。威尼斯的小艇,就是你们最常用的交通工具,就像你们的自行车,就像你们的家庭轿车!这个时候,你是作为这个城市的居民来写话的,你为拥有这样的水城,为拥有这样的"贡多拉"而感到非常自豪和骄傲。这又是一个角度。

甚至你还可以有这样的角度:假如你是威尼斯的小艇,请以拟人的口吻来写写小艇的特点和作用。你看,这又是一种陌生化的练笔设计!"朋友,我叫'贡多拉',我长得怎么样?我的性格特点是什么?我的身体曾经承载过谁?我曾经在这里听到过什么?曾经在这里看到过什么？"来，把小艇当作一个人来写。你看，练笔设计的陌生化，同样会使你的语言实践充满魅力。

最后，我们来看拓展的陌生化。现在，随着大阅读不断地推进，文本阅读和资料拓展之间关系紧密，这一点越来越为一线的语文老师所认可。我们来看《秋天的怀念》，这是史铁生的作品。怎么拓展？常态的拓展是先学文本后做拓展。也就是说，先学这篇课文，然后做一些拓展。这个时候拓展只是教学的一个环节，而且往往放在最后。这种常态的拓展，学生们习以为常了，所以就慢慢地对它失去了兴趣。而陌生化的拓展，则是把拓展作为一个过程，它跟文本的解读是融为一体的。

我们来看一个教学案例。这位老师上的也是《秋天的怀念》。课一开始，他就拓展了，出示一张照片让学生看。谁的照片呢？史铁生的。当然，学生一开始是不知道的。老师让学生观察照片，观察照片中人物的神情："你觉得他是一个什么样的人？给你一种什么样的感觉？很阳光，很自信，很开朗，是不是？"然后告诉学生："其实，这个人曾经很痛苦。你看，他双腿瘫痪了，脾气暴怒无常，有时候情绪坏到了极点，他经常会发了疯一样地离家出走。"这样，他的教学就形成了一种张力。这是课一开始的拓展。

我们再来看课的中间，又出现了拓展。老师介绍史铁生的生平：21岁时怎么样，28岁时怎么样，29岁时怎么样，32岁时怎么样，47岁时怎么样。了解史铁生的生平，能帮助学生更好地解读《秋天的怀念》中史铁生的情感。

在课快要结束时，又出现了三个片段的拓展。内容分别选自史铁生的作品《我与地坛》《合欢树》。课文的最后一部分写史铁生摇着轮椅，在园中慢慢走。他想寻找自己的母亲，但他知道母亲已经不在了。母亲临走之前跟他说："好好儿活，好好儿活。"母亲去世以后，史铁生又来到地坛，在熟悉的环境和风景之中，默默地惦记着自己的母亲。这个时候，他的心里又会做何感想呢？可以写一些话。

所以，你会发现，这一课教学中的拓展是超乎寻常的。开头有拓展，中间有拓展，结尾有拓展。有人说这样的拓展比例会不会太大？其实不大。只要教学需要，只要文本理解需要，这样的拓展还是合情合理的。但是它又是出乎意料、别具一格的，因而具有陌生化的效果。

总之，我认为课堂教学模式的陌生化，其实就是一种变革，一种创意，一种敢为天下先，一种向着心灵的自由和超越的守望。只有当一个人心灵自由、渴望超越时，他才会去追寻陌生化的教学模式，才会提升自己课堂教学的吸引力，从而让学生们在课堂里学得更自在、更充实、更幸福。

第三讲

语文教师如何处理课堂节奏

说实话，课堂节奏这个问题很少被我们一线的语文老师关注。我们会谈教学目标，会谈教学过程，会谈教学流程，甚至会谈时髦的教学板块。但是，实际上这些都是死的，在课堂上真正具有生命活力的，恰恰是节奏本身。对课堂教学来说，节奏的意义是非常深远的。

什么是节奏？我记得朱光潜先生在《诗论》当中就节奏的问题，有过这样一番经典的论述。他是这样说的："节奏是宇宙中自然现象的一个基本原则。自然现象不能彼此全同，亦不能全异。全同全异不能有节奏，节奏生于同异相随相续，相错综，相呼应。寒暑昼夜的来往，新陈的代谢，雌雄的匹偶，风波的起伏，山川的交错，数量的乘除消长，以至于玄理方面反正的对称，历史方面兴亡隆替的循环，都有一个节奏的道理在里面。艺术返照自然，节奏是一切艺术的灵魂。"

请注意这句话："节奏是一切艺术的灵魂。"我们反过来还可以这样说，艺术的灵魂就是节奏。在造型艺术上，节奏意味着浓淡、疏密、阴阳、向背相配称；在诗、乐、舞等艺术形式上，节奏意味着高低、长短、徐疾相呼应。这是朱光潜先生在《诗论》当中就节奏问题所做的阐述的核心。那么，我们是否可以将此迁移到课堂上来呢？

如果我们把语文课堂教学也上升到艺术的层面，那么毫无疑问，它的灵魂应该就是课堂节奏。可惜，我们的很多课并没有灵魂，因为有不少老师对课堂节奏麻木不仁，丝毫没有觉知。事实上，对节奏的处理会直接影响到课堂教学的品质、效率和境界。

我们知道，语文课堂教学是一种创造性的艺术劳动，其基本形态之一，就是通过动静、张弛、疏密、收放等多种节奏的和谐对比和转化，使课堂教学充满强烈而持续的影响力。

为什么我们的课不能抓住孩子的心呢？是因为我们的课不注重节奏，或者说根本就没有节奏，所以缺乏影响力和吸引力。好的课堂教学节奏不但可以优化教学艺术，增强教学美感，而且能够切实提升课堂教学的品质和境界。

正是从这个角度，我们要专门来谈一谈如何处理课堂教学节奏。节奏是课堂内各种要素的对立统一，处理课堂教学节奏，需要我们选择相应的策略。那么，具体策略有哪些呢？

动静相生

一堂课的基本形态不外乎两种。一种是动态。语文课堂上孩子们朗朗的读书声，便是动态的表现；孩子们热烈而充分地讨论，也是动态的表现；课堂上师生之间的提问、对话、理答[①]、评价、引导、点拨，还是动态的表现。另一种是静态。有时候课堂会非常安静，每个孩子都在独立地阅读、独立地思考，这样的课堂表面上看没有声息，但事实上却是此时无声胜有声。

好的课堂节奏，一定是动静相生的。设想一下，如果一堂课一动到底，谁受得了？反之，如果一堂课一静到底，这样的课还有吸引力吗？还有味道吗？因此，理想的课堂节奏，应该是动中有静，静中有动，动静相生并互相对立、转化、提升的。

我曾经讲过《慈母情深》，这是人教版小学《语文》教材第9册的第18课。我在设计和处理这一堂课的时候，就特别关注了动和静之间的节奏处理。事实上，动静相生是节奏处理的一条基本策略，其中的关键是要处理好"静"，因为只有课堂静态的情况处理好了，剩下的"动"才不难处理。在《慈母情深》这堂课的教学中，我安排了五次静态学习。

第一次静态学习，整体感知，完成关于课文梗概的填空题。在学生迅速浏览课文之后，我让他们做了一道填空题，内容是这篇课文的梗概。我在其中设置了四个空格，学生完成了这道填空题，也就完成了对课文梗概的感知和理解。这次静态学习，可以帮助所有

[①] 这里说的理答，是指教师在学生回答问题后做出的反应和处理，是课堂问答的重要组成部分。一般来说，课堂问答包括发问（教师提问）、候答（学生思考问题和组织答案时教师等待）、叫答（教师指定某个学生或小组回答问题）、理答（教师针对学生的回答做出反应）。这四个环节是前后连接的。因此，理答既是一种教学行为，也是一种教学评价。需要进一步加以说明的是，理答不仅仅是指对学生的回答做出反应，还包括对学生的朗读、板演、表演、练笔、书写等做出反应。这是一种更广意义上的理答。

学生迅速沉下心来，进入新课的学习当中。

　　第二次静态学习，我安排在"设疑细读"这个环节中。学生完成了关于课文梗概的填空题之后，知道了"我"因为看到母亲干活是如此的劳累、如此的疲倦，同时母亲又是如此的憔悴、如此的瘦弱，所以，再也不忍心向她要钱了，"我"有一种想哭的感觉，用课文中的一个词来形容，就是"鼻子一酸"。我在处理这堂课的时候，将"鼻子一酸"设为整堂课的主线。也就是说，只要你抓住了"鼻子一酸"，这堂课所有的重要内容就被你抓起来了，这叫"牵一发而动全身"，又叫"纲举目张"。但是，这只有在学生充分细读课文的基础之上才能够实现。因此，这堂课的第二次静态学习就放在了这里。我给了学生足够的时间，让他们默读课文，思考哪些地方、哪些细节、哪些描写让"我"的鼻子"一酸"。这个时候安排的静态学习，一定会在后面产生巨大的学习效应。

　　第三次静态学习，我安排在"深入品味"这个教学环节中。在这个环节中，我抓住了描写母亲神态的一个慢镜头："背直起来了，我的母亲。转过身来了，我的母亲。褐色的口罩上方，一对眼神疲惫的眼睛吃惊地望着我，我的母亲……"这里的语言非常有特点，表现在两个方面。第一，这句话中，"我的母亲"连续出现了三次，这是一种一咏三叹的节奏；第二，"我的母亲"被后置了，本来应该放在最前面说的："我的母亲，背直起来了，转过身来了，褐色的口罩上方，一对眼神疲惫的眼睛吃惊地望着我。"不同的语言形式，能够产生不同的表达效果。怎么让学生体会这一点呢？于是，在"深入品味"这个环节，我安排了一次静态学习。

我让学生闭上眼睛，随着我的描述去想象。我说："背直起来了，我的母亲。"然后让学生睁开眼睛，说说他们看到了一个怎样的背。有的说："这是一个弯曲的背。"有的说："这是一个瘦弱的背。"有的说："这是一个佝偻的背。"有的说："这是一个能够隐隐地看到一根根肋骨的背。"这还不够，这个时候，还需要一次短暂的"静"。我说："你们想象一下，这是母亲的背吗？你回忆一下，在你的印象当中，母亲的背是怎样的？"结果就有学生这样形容："我记得，我母亲的背是笔直的。"也有的说："我记得，我母亲的背是坚挺的。"也有的说："我记得，我母亲的背是很健壮的。"于是，在这种对比想象中，学生们体会到了语言的魅力和效果。这是这堂课的第三次"静"。

第四次静态学习，我安排在"移情想象"这个环节中。课文的主体部分包括四个镜头：第一个是广角镜头，第二个是慢镜头，第三个是快镜头，第四个是特写镜头。这四个镜头都是针对母亲的，有的写她的工作环境震耳欲聋，有的写她的神态憔悴不堪，有的写她工作的劳累程度，也有的写她把钱塞到儿子手上的那个细节。学生们品读完这四个镜头之后，他们的情绪已经被充分激活了，那种鼻子一酸的感觉，就像活火山一样即将喷发。这个时候，教师需要为学生们寻找到一个出口，这既是情感的出口，也是思想的出口，更是语言的出口。因此，在这个时候，我安排了一次静态学习，让学生写一写，此时此刻，最想对母亲说什么话。学生们情绪激动，文思如泉涌。因为有前面一连串的"动"的学习，所以这个时候的"静"，效果就显得特别好。

第五次静态学习，我安排在课堂的结尾处，用以升华主题。我让全体学生怀着敬意观看了一段自制视频《献给母亲》。这个时候，学生不需要读，不需要说，也不需要写，甚至不需要思考，他们只需要用心地感受和体验。所以，当播放那个视频的时候，我看到有的学生眼睛红了，有的学生眼睛里闪耀着晶莹的泪花，很显然，他们被感动了。所以，你很难想象，假如没有安排这五次有意识的静态学习，《慈母情深》这堂课会是什么模样。至少我不敢想象。

事实上，课堂教学的动静相生是非常重要的，尤其是静。很多老师上课，特别是上公开课，非常害怕静。为什么？他觉得静没有效果，没有氛围。他怕学生走心，也怕听课的老师分心。其实不然，这样的课，更需要对"静"进行精心设计！

收放有序

一堂语文课应该围绕文本的内容展开，指向学习目标，防止各种噪音和各种干扰出现，这叫"收"。但是如果都是"收"，这堂课就会显得比较机械、比较呆板，所以必要的时候还是需要"放"。放中有收、收中有放、收放自如，这样的课才是好的课。那么，对收和放来说，矛盾的主要方面是什么呢？恰恰就是"放"。你敢不敢"放"？在什么时候"放"？"放"到什么程度？这些都是老师在把握课堂节奏时需要深入思考的问题。

我们来看一个案例，人教版小学《语文》教材第 9 册第 17 课

《地震中的父与子》,讲的是美国洛杉矶发生了一次大地震。地震以后,在余震还没有完全消失的情况下,一位父亲赶到学校去救他的儿子。当时,学校已经变成一片废墟了。最后他硬是用自己的双手,在废墟堆里边挖、挖、挖,连续挖了三十多个小时,终于把他儿子救了出来,包括跟他儿子在一起的其他同学,也都被救出来了。

这堂课的收放节奏该怎么来设计呢?有一位老师在讲《地震中的父与子》的时候,在课文的高潮处,也就是阿曼达的父亲把阿曼达和他的伙伴们都救了出来这个地方,设计了很精彩的"放"。

老师说:"其实这个故事,可能有三种结局。"这就开始"放"了,因为本来课文只有一种结局。

"第一种结局:这个父亲不顾好心人以及消防队长的劝阻,坚持在地震后的废墟中徒手挖掘38个小时,最终拯救了自己的儿子和其他十几个孩子。其实,这也是课文当中的那个结局,对这个结局,你们怎么看?"

学生都说这个父亲非常伟大,非常了不起。别的孩子的父母只是在废墟堆前看了看,找了找,然后哭喊几声就走了,他们都觉得自己的孩子不可能生还了,但是这个父亲,他坚信儿子在等他,坚信他能够跟儿子在一起。这种基于信念的父爱,感动了所有学生,所以大家都觉得这个父亲很了不起、很伟大。但是请注意,这只是课文中的结局。

老师接着说:"第二种结局可能是这样的:这位父亲不顾好心人以及消防队长的劝阻,坚持在地震后的废墟中徒手挖掘38个小时,但是,他最终找到的只是儿子血肉模糊的尸体。"这种可能性存不存在？当然存在！因为是地震，不确定的因素太多了！老师让学生讨论："假如这个故事的结局是这样的，你怎么看待这位父亲呢？"

这个时候，学生的意见就开始有了一些分化。有的学生说："哎呀，这太可惜了，毕竟儿子死了！"虽然觉得惋惜，虽然觉得遗憾，大多数学生还是充分认可了这位父亲的行为。他们觉得，虽然最后的结果是儿子死了，但是这位父亲在挖掘的过程中，展现了一种基于信念的伟大的父爱，他依然让人感动。

下面继续"放"。老师说："假如故事的结局不是这样的，而是另外一种样子呢？第三种结局：这位父亲不顾好心人以及消防队长的劝阻，坚持在地震后的废墟中徒手挖掘 38 个小时。可最终，他不但没有救出儿子，连自己也在余震中被坍塌的房子压死了。儿子死了，他也死了，对这样的结局，你们怎么看？"

这个时候学生的意见分化就更大了，有不少学生觉得这样做不值得。儿子已经死了，没有指望了，他就该保护好自己，这是第一位的。所以有的学生说："这位父亲的爱可能有点儿盲目。"虽然意见分化很大，但是经过老师的引导和点拨，以及学生之间的深度对话和沟通，最后，大家的意见基本趋于一致，认为地震是不可抗的自然因素，即便父亲因为救儿子而献出了自己宝贵的生命，但是他的举动是因为爱，值得敬佩。其实，这更加让人感动，尽管很悲壮。

你看，这篇课文，假如我们完全按照情节线索来处理教学内容——起因怎么样、经过怎么样、高潮怎么样、结局怎么样，虽然也没什么错，但会让人感觉比较呆板、比较机械，不够灵动。因为你在一味地"收"，一味地把学生的思路拉到课文规定的情节上面来。事实上，我们完全可以放学生一马。这位老师设计的这三个不同的结局，就让课堂节奏有了收放有序的效果。毫无疑问，这样的课更具有吸引力，更能够打动学生们的心。

曲直相映

所谓"直"，就是教学线索顺应文本的内容线索；所谓"曲"，就是教学线索不一定顺应文本的内容线索，它有变化，别人是由东往西的，我偏来个由西往东，甚至由南往北。"曲"和"直"在课堂教学的节奏处理上，也是一对特殊的矛盾。这对矛盾的主要方面是什么呢？我认为这对矛盾的主要方面是"曲"。一堂课，你处理好了"曲"，也就处理好了"直"。二者的关系一旦处理好了，它们就能够相互帮衬、相互升华。

我们来看人教版小学《语文》教材第9册第21课《圆明园的毁灭》。我上过这一课，在这一课的"曲""直"设计方面，我确实是动了一番脑筋的。刚才我说了，"曲""直"这对矛盾的主要方面是"曲"。那么，在《圆明园的毁灭》中，我是怎么设计"曲"的节奏的呢？

第一，变序之"曲"。教学文本的内容，一般来说都是按照自然段的顺序来教的，但是我在教学《圆明园的毁灭》时，教学序列跟课文的段落顺序不一样。我首先让学生学课文的第一段。第一段说："圆明园的毁灭是祖国文化史上不可估量的损失，也是世界文化史上不可估量的损失！"于是，我抓住两个"不可估量"，让学生来谈感受，然后引导学生想象："不可估量"的只有这两个方面吗？于是就出现了开放式的第三个方面的"不可估量"。按照一般的教学步骤，接下来，我会带着学生们进入课文的第二自然段，圆明园的布局，然后进入第三自然段，圆明园的景观和建筑，但是我没有这样做。我带着学生学完第一自然段以后马上跳到最后一个自然段。最后一个自然段讲什么？讲的是英法联军火烧圆明园，圆明园所有的建筑、景观，包括没有被抢走的文房珍宝、各种古玩器皿，统统被一把大火毁于一旦了。在教学这一段的时候，我抓住了"化成灰烬"这个词，问学生："什么化成灰烬了？还有什么化成灰烬了？再想象一下，还可能有什么化成灰烬了？"于是，我的板书就形成了两组词语：一组是三个"不可估量"，一组是三个"化成灰烬"。这就是变序之"曲"。

在变序之"曲"中，教师的教学跟课文呈现的序列是不一样的，先解决头和尾。有老师问我，为什么要这么做，我的考量是，"圆明园的毁灭"是一个既成的事实，因此课文一上来，它的情感就应该是悲怆的，是压抑的，而想要营造出一种悲怆而压抑的课堂氛围，变序处理效果可能会更好。这是第一个"曲"的设计。

第二，猜想之"曲"。为什么说猜想也是"曲"的呢？因为课文在写圆明园的景观和建筑的时候，前前后后总共出现了六个"有"字句。圆明园有什么？"有金碧辉煌的殿堂，也有玲珑剔透的亭台楼阁；有象征着热闹街市的'买卖街'，也有象征着田园风光的山乡村野"；"不仅有民族建筑，还有西洋景观"。这六个"有"字句表达的是圆明园的景观和建筑的恢宏、丰富多彩。但是事实上呢？事实上，要穷尽圆明园的各种景观和建筑，六个"有"字句是远远不够的，但是这一点课文当中并没有写，于是我就有了生发，这是一种"曲"。

我问学生："假如要把圆明园当中所有的景观和建筑统统写出来，你们认为还需要出现多少个'有'？"这是学生意想不到的，这就是一种"曲"。"曲"有时候表现为一种意料之外，曲径通幽嘛！学生说："那个就说不准了！不知道要用多少个'有'啊！"于是我就让他们去找证据。学生找了各种各样的证据：漫步在圆明园当中，恍如置身在幻想的境界里。那么，幻想的境界里会有多少建筑景观？有学生说："圆明园中有天南海北的、各种各样的建筑景观。"那么，天南海北的、各种各样的建筑景观会有哪些呢？需要用多少个"有"去表达呢？学生就这样把文中相关的、重要的字眼抠出来，支撑自己的看法。找到了课文当中隐藏的更多个"有"之后，他们对圆明园建筑的恢宏、大气就有了更加切身的感受和理解。这就是猜想之"曲"。

第三，拓展之"曲"。拓展的内容，是课文里没有的，是我加上去的。学生在读完了课文的第二、第三、第四自然段之后，已经对圆明园的建筑、圆明园馆藏的文物有了相当的体认，但是我觉得还不够，这个"势"（指一种课堂气场，通常由学生的情感、态度、体验累积所成。它像空气一样弥散在课堂里，又像流水一样随着教学激荡起伏）还没有做足，于是我为学生补充了一份阅读材料。这份材料的内容就是：圆明园的世界之最。比如说，圆明园的占地面积最大、建筑时间最长、馆藏文物最多、里面包含的建筑风格最多，等等。通过阅读这份补充材料，学生对圆明园的了解和感受就更加深入了，这个"势"也因此做得更足。课文当中没有的，我给学生补充上去，这是不是一种"曲"？当然是。

第四，升华之"曲"。在课文的结尾，我让学生设想并拟写纪念圆明园的碑文，这个内容课文当中也是没有的，但是顺理成章。为什么？因为圆明园在1860年被英法联军烧毁了呀！剩下的只是断垣残壁。"现在，我们要为圆明园立一个纪念碑，上面要写碑文，如果请你来写，你会怎么写？"这种设计其实也是一种"曲"。这个时候，学生们的体悟就不一样了。比如，有的表达得非常简洁，"落后就要挨打"；有的把圆明园的命运跟祖国的命运联系在一起，说"祖国的强大是对圆明园最好的保护"；也有的把自己的愤怒化为了文字："这里留下了两个强盗永远的耻辱，一个叫英国，一个叫法国。"这也是一种"曲"的设计。

"曲""直"相映，"曲"如果出人意料，"曲"如果旁逸斜出，你的语文课堂教学就会多姿多彩，就会摇曳生辉！

起伏有致

"起"，就是兴趣盎然，情绪波动，甚至有高潮。情绪高潮的表现，有时候是开心得哈哈大笑，有时候是感动得热泪盈眶，有时候是压抑得不想说话。"伏"呢？相对于"起"而言，"伏"就显得比较平静，显得比较平淡，显得比较平缓。其实，好的课堂教学节奏，也应该是起起伏伏、错落有致的。一味地"起"，你这个课就太高亢，给人的感觉像打了鸡血，这当然不行；一味地"伏"，你的课就会太过沉闷，也不行。所以，好的课一定是起伏有致的。

我们来看两位老师的教学设计，看看他们对"起"和"伏"的处理效果如何。人教版小学《语文》教材第6册第3课《荷花》，是叶圣陶先生的作品，很经典的一篇课文。我们拿两位老师教学其中的一个片段来说明这个问题。这一片段是"初读"板块的教学。

第一位老师的教学设计是这样的：第一步，把课文中出现的生字和新词呈现出来，出示"挨挨挤挤、莲蓬、花骨朵、饱胀、破裂、姿势、翩翩起舞、舞蹈"；第二步，让学生选择自己最想读的词语，读一读；第三步，让学生说说自己理解了哪个词语的意思；第四步，一起来读一读这些新词。

这样的教学给你的感觉是什么？有兴奋点吗？你的情绪会有比较大的起落吗？好像没有。

再来看第二位老师的教学设计。第一步，老师呈现的不是那八个词语，而是一首小诗：

一池荷叶，
挨挨挤挤。
一个花骨朵，
饱胀得快要破裂。
一阵风吹来，

嫩黄的小莲蓬翩翩起舞。

啊！多美的姿势。

这首小诗，有形象，有情境，有想象，有情绪，完全出人意料。有趣的是，这短短的一首小诗，几乎包含了课文中要求学生掌握的那些生字和新词，比如"挨挨挤挤、花骨朵、饱胀、破裂、小莲蓬、翩翩起舞、姿势"等，可谓一石数鸟、一箭双雕！

第二步，老师请学生自由朗读这首小诗。第三步，老师指名学生逐句朗读，然后相继理解词语的意思。在这一步中，学生一句一句地朗读，老师随机"板画"。比如，他先板画疏朗的荷叶，再板画挨挨挤挤的荷叶，二者一对比，学生就知道什么叫"挨挨挤挤"了，形象直观。在读后面的句子的时候，老师也先板画瘦削的花骨朵，再板画饱胀的花骨朵，二者再一对比，学生就明白什么叫"饱胀"了，并自然而然地懂得了"饱胀得快要破裂"究竟是一种什么形态，不需要再以词解词。接着老师又板画小莲蓬，让学生用双手摆成小莲蓬的形状，做出翩翩起舞的动作，然后定格学生的这些动作，于是，每个学生都变成了一朵美丽的荷花，每个学生都想象自己仿佛成了美丽的荷花仙子。第四步，再一次齐读这首小诗。

这两个教学片段，哪个效果会更好？毫无疑问，应该是第二个。什么原因呢？因为第二个片段合于节奏，有起伏，能激发学生的兴奋点。比如，一开始老师呈现那首小诗，学生们就想象不到，这首诗带给他们的是惊讶和新奇。接着，老师通过板画的方式来帮助学生理解这些新词的意思，这也是学生们想象不到的。多么形象啊！

学生们学习的兴趣就这样被调动起来了。这两个环节,就是"起"。而齐读及指名读的环节,则是"伏"。这就是"起伏有致"。

一个教学片段是这样,一堂课也是这样。其实,一堂课成功与否,有时候我们完全可以从节奏这个角度去分析和解释。

点面相成

课的节奏,有的时候可以把它看成一个点,有的时候又可以把它看成一个面。点点面面,面面点点,点中有面,面中有点,点面相成,从而形成一种和谐的节奏。那么,我们怎么做到语文课堂上的点面相成呢?

我们来举一个例子,人教版小学《语文》教材第11册第13课《只有一个地球》。我上过这一课,在点和面的处理上,是动过一番脑筋的。我把它分成了这样两个层次。

第一个层次,课文的重点语段。如果把整篇课文的内容看成一个面,那么课文中的这些重点语段就是点。这是第一个层次的点和面。你会发现,点和面之间矛盾的主要方面是点,你把握好了点,面自然就在了。在《只有一个地球》这篇课文中,我抓了三个重点语段(也就是三个点)。

第一个点,课文第三自然段的"地球是无私的,它向人类慷慨地提供矿产资源。但是,如果不加节制地开采,必将加速地球上矿产资源的枯竭"。为什么挑这个点?原因很简单,因为《只有一个地球》的主题是环保，它要宣传的是环保意识——保护环境，保护我们的地球。为什么要保护我们的地球呢？因为地球正被不断地侵蚀着，被不断地破坏着。因此，课堂上教师要把这种现状充分地展示出来，从而让学生们感受到保护地球的重要性和急迫性。

第二个点，课文第四自然段的"人类生活所需要的水资源、森林资源、生物资源、大气资源，本来是可以不断再生，长期给人类作贡献的。但是，因为人们随意毁坏自然资源，不顾后果地滥用化学品，不但使它们不能再生，还造成了一系列生态灾难，给人类生存带来了严重的威胁"。这一段虽然长了点儿，但是很重要。这段文字其实跟第三自然段的那个点有着异曲同工之妙。它也在讲地球的无私和慷慨，但同时又讲人类是那样的贪婪，随意毁坏自然资源，不顾后果地滥用化学品。这一切，能够很好地激发起学生保护地球的意愿。

当然，仅选择这两个点是不够的。因为学生的思想和情感要升华，我们不能只看到现状，只看到困境，只看到问题，还要解决问题并落实在行动中。于是，我选择了课文最后一个自然段作为第三个点。这一段是这样写的：

> 只有一个地球，如果它被破坏了，我们别无去处。如果地球上的各种资源都枯竭了，我们很难从别的地方得到补充。我们要精心地保护地球，保护地球的生态环境。让地球更好地造福于我们的子孙后代吧！

在这个点上，我们分明能感受到，作者不是在谴责和批判，而是在呼吁，在建设性地提出意见和建议。

所以，这篇文章的主旨是通过最后一个自然段实现的，前面两个点是为这个点服务的。这就是《只有一个地球》在第一个层次所要处理的点面关系。

第二个层次，重点语段中的重点词语。点和面是相对的，如果把重点语段看作面，那么重点语段中的重点词语就是点了。事实上，学生们的语文学习，只有最终落到这第二个层次的点上，才显得踏实。相对于课文而言，第三自然段是一个点；而相对于片段本身而言，它又是一个面。这个面该怎么处理呢？抓重点词语。你不能平均使力，只在面上的推移是没有节奏的。那么，我是怎么选择和处理这个重点语段中的重点词语的呢？我抓住了哪个词语呢？"不加节制"。"不加节制"可以让学生们联想到很多词语，比如贪婪、自私、贪得无厌、随意毁坏、滥砍滥伐等。抓住了"不加节制"，再往上走，联系上文，就可以反衬出地球的无私；而往下走，联系下文，则可以看到最终的结局，即资源的枯竭。

你看，抓住了这个点，就能够发挥承上启下的作用。我们说文章有文眼，语段有"段眼"，重点词语就是语段的"眼"。

同样的道理，我们来看第四自然段。第四自然段在整篇课文中，也被我当作了一个点来处理。所以这篇课文的教学，其他语段我几乎没有涉及，不需要，我的重点就是抓这几个语段。第四自然段作为语段，它其实是一个面，我们还需要把它推进到第二个层次，也就是说，从中寻找那个点。那个点是什么呢？也是一个词——生态灾难。

我让学生联系生活实际，来说说他们看到过、听到过怎样的生态灾难。有的学生说，他从电视上看到，有一条河流被化工厂彻底地污染了，河面上漂着大量的死鱼，散发着恶臭，这是生态灾难。有的学生说，他从电视上看到，热带雨林地区有一块沼泽地全被污染了，连生存能力最强的鳄鱼都接二连三地神秘死亡，后来科学家寻找原因，才发现真正的杀手竟然是水中高致癌的物质。显然，这是化学品，这也是生态灾难。也有学生说，山洪暴发、泥石流暴发，本来美丽的村庄一下子被吞没，无辜的人们遭了殃，辛辛苦苦攒下的财富最后荡然无存。从表面上看，这似乎是天灾，其实不然，因为正是人们对森林的滥砍滥伐，导致了水土的严重流失，而正是水土的严重流失，最后导致了泥石流的发生，导致了美丽家园的毁灭，这也是生态灾难。

你看，"生态灾难"这个词可以生发出很多东西，而生态灾难又是由什么原因造成的呢？往上推你就可以发现，是人们的愚蠢、人们的无知、人们的贪婪……造成了生态灾难。当我们把"生态灾难"当作这个语段的"段眼"时，点和面的关系就形成了，教学就有层次、有节奏了。

张弛有度

"张"就是紧张，"弛"就是松弛。"张弛"有时候表现为课堂教学的密度，密度太高，那就是"张"；密度太低，那就是"弛"。"张弛"有时候也表现为课堂教学的氛围，学习的挑战很大，学生们往往就紧张；学习的难度不大，学生们往往就松弛。其实，太难不行，太容易也不行；密度太高不行，密度不够也不行。好的课堂节奏，一定是张弛有度的。

我们来看一个教学案例，人教版小学《语文》教材第8册第24课《麦哨》。这篇课文写得非常美，描写了乡村田野牧歌似的生活，是一首充满诗意的散文诗。有一位老师在教授《麦哨》的时候，对教学主体部分做了这样的设计。我们先来看一看他的设计，然后对它进行分析，看究竟是张弛有度还是"张弛失度"。

第一个环节，拟写小标题。老师说："《麦哨》为我们勾勒出一幅幅快乐美好的乡村风光图，老师非常想用小标题的方式来给这些画面起名字，你们想试试吗？"学生小组讨论，试着拟写小标题，然后做了一个反馈，最后变成了这四个小标题：第一，湖畔割草图；第二，田野丰收图；第三，土坡玩耍图；第四，草地采"针"图。

第二个环节，概括主要内容。老师说："我们给这些画面起了名字以后，概括课文的主要内容可就方便多了，自己试试。"学生其实就是做一个填空题，把这些小标题填进去，然后概括，再交流反馈。

第三个环节，有选择地品读画面。刚才学生不是发现了四个画面并拟出了四个小标题吗？于是老师就问："这些画面中你最喜欢哪一个？有感情地读一读，读完之后可以在旁边写一写自己喜欢的理由。"学生们各自选择。当然，学生们选择肯定会不同，喜欢的理由肯定也会不同。后面的课堂就非常热闹了。大家开始交流反馈。有的学生说自己喜欢的是"湖畔割草图",然后美美地读了一遍。老师与他做了这样的互动:"你特别喜欢什么地方?""你能不能通过朗读来表现出这份可爱和漂亮?"有的学生喜欢"土坡玩耍图",他们觉得那个才好玩,不用干活,爱怎么玩就怎么玩,倒立蜻蜓也可以,学狗叫也可以,学兔子跳也可以,特别自由,特别率性。老师就让他们来说一说:"这些孩子都在玩些什么?如果你特别羡慕他们,你打算用什么词来描述对他们的羡慕?"还有学生选择的是吃"茅茅针",就是那个"草地采'针'图"中的茅茅针。城市里的很多学生可能没有玩过这个,也没有吃过茅茅针,不知道是什么滋味。然后老师就引导学生:"哪些词最吸引你的味觉?甘甜、清凉。哈哈,你嘴馋了是吧?你想用什么词来形容?"学生回答了。大家可以设想一下,这个环节需要花多少时间?

第四个环节,引导品读背景图。课文的主体部分是孩子们割草啊、玩耍啊、拔茅茅针吃,这个主体部分的主角是孩子们,他们有一个活动的背景。一般来说,学生对这个背景感知不深,也没有什么兴趣,这个时候就需要老师引导。他说:"多么有趣的画面,多么自由幸福的乡村孩子,可老师读着读着就发现,有一幅画是多余的,你觉得呢?是哪一幅画?就是那幅'田野丰收图'。"这时候学生就开始讨论了,他们当然不会说这幅画是多余的。于是老师就说:"既然你们认为这不是多余的,那么说说理由。"学生在品读和陈述理由的过程中,逐渐感悟到了作者笔法的美妙。老师在跟学生的反馈互动中,一一做了梳理,发现"田野丰收图"这段文字,有几个特点。第一,色彩多。这段文字中,在描写田园里的各种农作物时,出现了多种颜色，比如鹅黄、嫩绿、金黄、黑白相间、雪白、浅黄色，等等。第二，从内容上看，这幅"田野丰收图"所描绘的农作物特别多，有油菜花、蚕豆花、萝卜花、麦子，等等。随着讨论的深入，大家发现这幅画还有第三个特点，从表达形式上看，修辞手法特别多，这段文字运用了排比、拟人和比喻等多种手法。所以说这段文字，写得特别美、特别妙，值得我们好好学习。

第五个环节，迁移写画。课文中有的农作物老师就不让学生写了，而是出示了一张张其他农作物的图片，先请学生欣赏，欣赏完了以后，请学生仿照"田野丰收图"中描写农作物的基本语言格式，写一写图片中的这些农作物。这有一定的难度，但学生们还是能够写的，写完以后交流，交流过程中老师又做了一些点评。

最后一个环节，借助填空来背诵。老师觉得"田野丰收图"这段文字特别美、特别好，语言丰富，句式和表达也有很多可借鉴的地方，因此，让学生好好地将它背下来，让学生借助一些填空来进行背诵。

这堂课的主体部分就是这样。

你知道这堂课上下来会是什么结果？容量太大，时间不够，但是任务又要完成，所以越上到后面越赶，结果是匆匆忙忙地收场，效果不理想。什么原因？"张弛失度"。容量太大，密度太高，学习太过紧张，"弛"不够。那怎么处理？要使这堂课张弛有度，其实有三种解决思路。

第一种思路，延长这一课的教学时间。不是说时间不够吗？那我给你更多的时间，这样矛盾就会被消解。这种思路虽然方便，具体实施起来却很困难。事实上，这是一篇略读课文，一课时就要学完的，本身教学时间就相当紧张，延长这一课的教学时间几乎不太可能。

第二种思路，减少这一课的教学环节。哪些是不需要的，把它们删掉，删掉以后，"张弛"这个矛盾就可以得到缓解了，该"张"的地方"张"，该"弛"的地方也有时间了。我们来看看，哪些环节是不需要的。我认为，"概括主要内容"这个环节不需要，把它删掉，这样可以腾出一些时间来。"借助填空来背诵"这个环节，也不需要。既然时间不够，你干脆把"迁移写画"这个环节做足，背诵就放到课外去吧。如果删掉这两个环节，这堂课就由六大环节变成了四大环节，时间是不是就充分了？是不是能比较好地处理"张"和"弛"了？

第三种思路，调整这一课的教学重点。其实这堂课"张弛失度"的主要原因，我认为是学习的重点出了问题。毫无疑问，这位老师的课堂教学重点是对那个背景图的学习。学生学得很透彻、很扎实，由读到写、读写迁移、读写结合，可是，这篇课文的学习重点真的是这幅"田野丰收图"吗？这样一反思，你就会发现，正是这个重点，这个老师认为的这个重点，占用了课堂大量的时间，导致这堂课容量太大，密度过高，"张弛失度"。

经过调整以后，这堂课的教学重点应该是这样三幅图——"湖畔割草图""土坡玩耍图""草地采'针'图"。而事实上，这三幅图又是可以整合的，整合在一起，就是乡村儿童率性自由、田园牧歌般的生活。他们童年的无限乐趣，就是通过这三幅图呈现出来的。

这样的生活让人向往，充满诗意。因此，一整合，一调整，原来的背景图"田野丰收图"就成为一个非重点，而这三幅图才是重点，而且还可以重新加以整合，成为一个板块。如果这样的话，这节课的教学节奏会怎么样呢？显然，课堂的张弛度会好许多！

以上我们从动静、收放、曲直、起伏、点面、张弛六个角度谈了课堂节奏的处理策略。这些策略固然十分重要，但我认为，课堂教学的节奏应该有一个非常重要的变量，需要引起我们的高度关注。这个变量，可以统摄前面的六大基本策略，那就是语言的节奏。

我讲的这个语言的节奏，主要是指教师的语言，教学的语言。事实上，在我们的课堂教学中，教师的语言应该有张有弛，有起有伏，时如大江东去，时如小桥流水。当教学语言的音高、音量、音速、音色所构成的"外节奏"与教学内容的详略、主次、轻重、曲直所构成的"内节奏"相互协调时，教学就能紧扣学生的心弦，引发学生共鸣。因此，教学语言或教师语言的节奏，其实是课堂教学节奏的灵魂。那么，我们该怎么处理这一节奏呢？我提三条建议。

第一，教学语言要显示出不同教学层次的节奏。怎么解释呢？如果你讲的所有的话都一样，没有起落，没有张弛，你的语言就是催眠曲，课还没上完，学生们可能就睡着了。因此，教学语言在不同的教学层次要体现不同的节奏。比如，你的导入语要尽可能简洁，要巧设情境，引人入胜，所谓"未成曲调先有情"；比如，你的过渡语要平实，要承上启下，自然巧妙，所谓"嫁与春风不用媒"，这是需要花工夫的；比如，你的引导语要准确，要通俗易懂，深入浅出,所谓"一语惊堂满座醒",语言要有张力;比如,你的理答语要机智,要因势利导,机敏多变,所谓"一枝一叶总关情";比如,你的提问语尤其要清晰,要难易恰当,具有梯度,所谓"惊风乱飐芙蓉水";比如,你的结束语也非常重要,要精练概括,简明规范,意味深长,所谓"此时无声胜有声",话说完了,但是给人的感觉是余音绕梁,三日不绝,言有尽而意无穷。教学语言在不同的教学层次的节奏应该是不一样的。

第二,教学语言要与学生的心理节奏相吻合。一堂课 40 分钟也好,60 分钟也好,甚至 80 分钟也好,学生在课堂上的心理其实也是有节奏的,他不会一直亢奋到底,也不会一直懈怠到底。比如说,课一开始,他的注意力容易分散,5 分钟以后,他的注意力可能就集中了,这个时候课堂会出现第一个注意力高峰;再过 5 分钟,他又开始分心了;再过一段时间,第二个注意力高峰出现了;接着"唰"的一下,他的注意力又开始分散。学生的注意力呈现出这样一条曲线。不仅是注意力,在课堂里,学生的情绪也是有节奏的,他的智力和体能也是有节奏的。因此,你的教学语言要尽可能地与学生的心理节奏相吻合。教师要善于根据学生的心理周期变化,运用语言的声调,不断调节、转移、强化学生的注意力。当学生处在注意力高峰的时候,采用高昂的快板;当学生注意力不集中的时候,采用平和的柔板;当学生比较疲倦的时候,采用语速快、停顿短的急板,或采用语速缓、停顿长的慢板。这样,学生就能在"大珠小珠落玉盘"的声音中产生愉悦的心理,从而提升学习兴趣,激活旺盛的求知欲,时刻保持一颗灵动觉知的心。也就是说,教师什么时候说，什么时候不说；什么时候强势一点儿，什么时候弱势一点儿，要根据学生在课堂上的心理曲线来变化。其实这是一条非常重要的规律。

第三，教学语言应以情感的变化为基础。课堂教学不仅仅是一个包含注意、观察、思维、想象的认知过程，也是一个情感培养的过程。对语文教材来说，文章不是无情物，"夫缀文者情动而辞发，观文者披文以入情"。可以说，相比其他学科，语文更注重情感，更需要遵循情感生发的规律。因此，语文老师的教学语言应该合乎课堂师生情感变化的节律。怎么做到这一点呢？教师要通过语言的情感节奏，调解学生的情感律动，使他们全身心地进入最佳的学习情境中。在课堂教学中，教师爱，则气缓声柔；教师憎，则气冷声峻；教师喜，则气满声高；教师怒，则气沉声促。教师激昂时，学生振奋；教师悲壮时，学生寂然；教师委婉时，学生感怀；教师深沉时，学生遐思。总而言之，教师疾徐有度、跌宕起伏的情感化语言节奏，不仅能使学生享受音乐美、节奏美，也能使他们在感同身受、心心相印的情感体验中领悟到绚烂多姿的语文之美以及生命之美。

所以说，动静也罢、收放也罢、曲直也罢、起伏也罢、点面也罢、张弛也罢，这些都需要教师通过活生生的教学语言来进行调控、组合、处理、加工和优化，从而实现各种矛盾关系的和谐统一。

我们的课堂节奏，就需要通过这样的策略、这样的情怀来调控。在人类诞生以前，自然界的节律就已存在，花开花谢、潮起潮落、春去春来、月圆月缺、昼夜更替、寒暑交往、水波起伏、草木荣枯，这不是节奏吗？庄子说"天地有大美而不言"。美的灵魂是节奏。天地有这样的大美，但是它不说，而是要我们用心去感受。生命的节奏，正是对自然节奏的模仿和顺应。人的生命也是有节奏的，喜怒哀乐有节奏，生老病死有节奏，荣枯穷达有节奏。

课堂节奏，我认为也是对自然节奏、对生命节奏的模仿和顺应。从这个意义上讲，节奏就是一种道，一种天地之道，一种生命之道。合乎节奏的课堂教学，就是合乎道的课堂教学，它让人忙而不乱、闲而不散，在张弛有度中尽享学习的乐趣和生机。合乎节奏的课堂教学，时时呈现一种"山重水复疑无路，柳暗花明又一村"的美妙境界，这样的境界让人心无旁骛，欲罢不能。你看，这样的境界不正是"人课合一"的境界吗？

第四讲

语文教师如何改进「课堂理答」

我们知道，课堂上的师生关系主要是通过对话来完成的。而在师生对话的过程当中，一个非常重要的环节就是"课堂理答"。我始终觉得，一个语文老师应具备两项非常重要的基本功：第一项是文本细读的能力，第二项是课堂理答的能力。

那么什么是课堂理答？课堂理答包含哪些具体的环节？我们怎样在课堂里改进和完善自己的理答？下面我们就这些话题来做一些具体讨论。

课堂理答，它是有一个基本模式的。这个模式的第一个环节就是倾听，真正的课堂理答始于倾听。当然这里的"倾听"是广义的，它包括感知，包括观察，包括聆听。实际上课堂理答出问题，很重要的一个原因，往往是我们在课堂上不注意倾听，不关注学生在课堂上的表现。第二个环节是理解，理解是理答的核心。"理答"拆开来是两个字，第一个字就是"理"。这个"理"，我认为就是理解的"理"。就是你要通过倾听来理解学生在课堂上的表现，来理解他们为什么会这么想、为什么会这么说、为什么会在课堂上呈现出这样一种状态。所以理解是理答的核心。第三个环节是应答，理答理答，最后的落点是在答上面，是应对、应答。也就是说，你对学生在课堂上的表现要做出反应，该点拨的点拨，该引导的引导，该鼓励的鼓励，该质疑的质疑，这些就是应答。

当然，理答不可能一次完成，事实上，理答是一个循环往复、螺旋式上升的过程。应答之后,你要继续倾听学生对你的应答又做出了怎样的反应,于是你又产生了新的理解,新的理解之后又有了新的应答。这样整个课堂理答,就形成一个循环往复、螺旋式提升的过程,这是理答的基本模式。我说过理答最核心、最关键的是"理解",我们在课堂上要为理解学生去倾听,要通过理解学生来改进自己的教学。

那么,具体的理答在课堂上有怎样的意义?我们应该怎样来操作呢?下面我想从三个方面就改进课堂理答做个说明。第一个方面是课堂理答的意义,第二个方面是课堂理答的策略,第三个方面是课堂理答的智慧。

课堂理答的意义

课堂理答在我们的教学上具有怎样的意义呢?

课堂理答的意义之一,它是一种心灵的抚慰。其实,课堂上师生之间的对话交流,是两个生命之间的互动。而课堂理答能够实现两个生命之间的某种心灵的抚慰。

我们来看一个案例,有一位老师讲一篇课文《做一片美的叶子》。课文当中有这样两句话:"大树把无数的叶子结为一个整体。无数的叶子在树上找到了自己的位置。"这位老师要求学生联系自己的生活实际,来谈一谈对这两句话的内涵,有怎样的理解。学生们的表现相当踊跃。

第一个学生这样说:"班级把我们的同学结为一个整体。所有的同学在班级里边找到了自己应有的位置。"你看这个学生结合自己的生活实际,对这两句话的内涵做出了全新的解释。

我们来看看老师的理答,一个字,她说"好"。非常简洁,非常明了,非常肯定。其实有的时候,老师的理答话语不在多,而在于精准,在于妥帖。只有精准、妥帖的理答,才能够产生它在教育学和教学论上的意义。

第二个学生说:"工厂把工人们结为一个整体。但是如果工厂倒闭了,工人们就找不到自己的位置了。"哎!这个学生的回答跟前面那个学生的回答,显然思路是不同的。如果说前面那个学生的回答是正向的,那么这个学生的回答呢?实际上是逆向的。其实,这样的理解更深刻也更可贵。

我们来听听老师的理答。这位老师说了一句话:"你的回答很有现实意义。"有一些企业倒闭了,被人兼并了,下岗工人出现了。也许这个学生的家庭就是下岗工人的家庭,所以这个学生说出了这番话。而老师对此是有感受的,所以老师的理答就是这样一句话:"你的回答很有现实意义。"

我们再来看第三个学生的回答。她说:"中国把56个民族结为一个整体。56个民族在中国都找到了自己应有的位置。"前面两个学生一个说班级,一个说工厂,相对来说,视野还比较小,而这个学生的视野一下子就扩大了。

老师的理答是什么呢?对这个学生的回答,老师的理答是:"是的。只有民族团结了,国家才能兴旺发达,你说得真好!"老师顺着学生的话对它又做了一个提升。你们看这又是一种理答的方式。

我们来看第四个学生的回答。她说:"地球把所有的国家结为一个整体。但是美国人为什么不给伊拉克人自己应有的位置呢?"这个学生放眼世界,胸怀全球,好厉害!口气非常大,而且很显然这个学生有独立思考和判断的能力。这些话从这个学生的口中说出来,既让人忍俊不禁,又让人感觉需要好好地反思这个世界到底怎么了。

老师的理答也非常巧妙。她说:"这个问题你得去联合国问一问。"是的,也许学生的问题,老师一时半会儿找不到答案,但是我觉得老师这样的理答是很理性的,也是具有国际视野的。当然这个问题非常复杂,很多因素搅和在一起。老师这样的理答我觉得是非常妥帖、恰当的。应该说针对前面四个学生的回答,老师分别做出的理答都非常好。

没有想到,就在这个时候,课堂出现了意外。其实,课堂具有不确定性,往往会发生各种意外。就在教学看起来很顺利的时候,一个意外事件发生了。第五个学生站起来说:"家把爸爸、妈妈和我结为一个整体。可是爸爸和妈妈离婚了,我也找不到自己的位置了。"这番话是一个小女孩说的,她是低着头说的,说完以后,她的头更低了。她说完这番话,课堂上一片沉寂,鸦雀无声。学生们的目光都聚焦到了这个老师的身上。

这个时候,其实是最能够看出一个老师的教育素养、专业素养的。而他的教育素养和专业素养,恰恰主要是通过他的理答表现出来的。因为这样的问题老师在课前是没有办法预设的,它是动态生成的,这个时候需要老师当机立断地、迅速地、合理地做出自己的理解，做出自己的理答。我们来看看这个老师是怎样反应的：只见她走到这个小女孩的身边，张开双臂，把小女孩轻轻地搂到自己的怀里。

请注意，理答在这个时候已经发生了。通常我们会把理答理解为语言上的应对，其实不全是，理答有语言的理答，也有非语言的理答。当学生孤独、寂寞、难过的时候，老师走过去把学生搂在自己的怀里，其实已经是最好的理答了。

"心灵的抚慰"恰恰就体现在这样不经意的，但是又非常温暖的肢体语言的理答上面。接着，老师轻轻地对这个小女孩，也对全班学生说："孩子，不要难过，老师给你讲一个小故事。我非常喜欢一种小动物，它叫珍珠贝。你知道吗？这种叫珍珠贝的东西，当外面的沙子、小石子进到壳里的时候，它会温柔地把它们包在一起。最后，这些沙子、小石子就可能会变成一颗一颗璀璨的珍珠。孩子们，在生活当中我们什么时候会遭遇到沙子，遭遇到小石子，我们是没有办法预知的。但是我们完全可以像珍珠贝一样，以一颗宽容的心来包容生活当中的这些沙子、这些小石子，那么最后生活回馈给你的将会是一颗又一颗璀璨的珍珠。"这是多么感人的理答。无论是肢体语言还是老师的话语，都深深地打动和温暖了包括这个小女孩在内的全班所有学生。

所以说，教师好的课堂理答对学生来说往往是一种心灵的抚慰。在这个理答的过程当中，一个教师的教育学、伦理学和专业素养得到了淋漓尽致的体现。这是课堂理答的意义之一。

课堂理答的意义之二，它是一种智慧的启迪。理答是师生之间思想的交锋。当两种思想碰撞在一起的时候，可能会产生更多的思想，擦出智慧的火花。

我们也来看一个案例。一位老师在讲完《登山》这篇课文之后，在课的结尾部分，问学生："学了课文，同学们还有什么问题吗？"应该说在学完课文之后继续让学生来质疑是需要教学勇气和胆略的。我们知道，所谓的"质疑问难"这个环节，往往会被老师前置在教学的起始阶段。初读课文的时候让学生们来提一些问题，这些问题可能会转化为你的教学资源，成为你新的教学目标。然后你的教学过程呢，会顺应学生们提的这些问题而改变方向、改变策略，绝大多数老师都是这样做的。但是这个老师与众不同，他真的有勇气和胆略，在学完课文之后继续让学生来提问。这对学生来说是一个挑战，对老师自己来说也是一个巨大的挑战。结果，精彩的理答就在这个时候发生了。

我们先看第一个学生的提问，他说："老师，列宁为什么坚持要走那条小路，我还是不能理解。"完了，这堂课白上了。因为《登山》这篇课文的主体内容就是讲列宁两次走小路。第一次吓得要死，差点儿掉下去。返回的时候，列宁为了锻炼自己的意志，坚持重走那条小路。而这个故事的主旨和内涵恰恰就体现在列宁重走小路的那个情节当中。真没想到，这个学生在学完课文之后，依然不能理解这一点，说不懂，那么这堂课不是白上了吗？所以这样的问题会让老师非常尴尬。

但是，我们来看看这个老师的理答，真是机智。老师说："你是不理解列宁最后说的那段话吧？"请注意，这是需要经验和智慧的。

其实，学生在课堂上的提问，他心里想的跟他说的有时候会出现不一致，所谓"词不达意"就是这么回事，这种情况是经常出现的。也就是说，他心里想问的那个问题跟他提出的那个问题，有时候是有差异的，甚至并不是一回事。

这个老师以他自己的经验和智慧迅速做出了两个判断。第一个判断是，这个学生提的这个问题可能不是他真实遇到的问题。第二个判断是，这个问题透露出来的信息在告诉我们，这个学生究竟对什么产生了疑问呢？老师的判断极有可能就是，这个学生对课文当中列宁最后说的那段话还存有困惑和疑虑。结果老师来了个投石问路，先试探性地问一问："你是不理解列宁最后说的那段话吧？"我们来看这个学生的反应，学生点头示意，对头了，原来真正的问题在这儿。

判断出这个情况之后，老师接着理答："你再仔细读读最后一段话，看看到底还有什么地方让你感到困惑，下了课咱们再讨论。"首先给出了方法，什么方法？再仔细读读最后一段话。不但给出了方法，还给出了方向，"看看到底还有什么地方让你感到困惑"。也许仔细读一遍以后，有些困惑就自然而然地消解了，所谓"读书百遍，其义自见"。有的时候，即便书读千遍了，深刻的含义还是不能够"自见"，怎么办呢？下了课再讨论。留一个非常潇洒的尾巴给学生一个交代。这是一个很智慧的理答。

我们再来看第二个学生提的问题："我觉得列宁回来的时候完全没有必要走那条小路。"如果说第一个学生提的这个问题，已经被老师智慧的理答给化解掉了，那么，第二个学生简直是把老师往"死路"上逼。他认定列宁完全没有必要走那条小路。其实想想也是，因为回来再走那条小路，万一意志不坚定，万一心理状态突然出了问题，掉下了悬崖，那是粉身碎骨，万劫不复哇！这个代价太大了，这个风险太高了。其实，列宁完全可以改变方向，完全可以选择新的路径，说要锻炼自己的意志，也不一定非得选在这个时候，非得在那条危险的小路上锻炼。为什么？因为安全第一，生命第一嘛！

这个学生说这个话有一定的道理。没想到的是，第三个学生站起来支持第二个学生，他说："我觉得也是，锻炼自己的意志有很多机会，以自己的生命为代价去锻炼意志，我认为并不值得。"发现没有，意见一边倒！学生们都不能够很好地理解课文的主旨，这个时候，老师该怎么办？其实，真正的理答往往发生在这样的状态下：学生们出现思维断裂，出现情感冲突，出现思想交锋，这是最需要课堂理答，也是最见老师理答功力的时候。你看，其实三个学生表现出了一个共同的倾向，就是对列宁第二次走那条小路存有疑虑。在这个时候，如果老师硬要把这些学生拉过来，拉到所谓的正道上去，"你们说的是不对的，列宁是伟大的领袖，他的想法能错吗？而且他第二次走过来了，证明他的意志是坚定的"。要是这样说，当然也可以，但那是课堂上的专制，那是精神上的暴力！不能真正深入学生内心深处去触动他们，去改变他们的想法。

我们来看看这个老师的理答。老师说："这的确是一个重大的问题，万一列宁因此跌入深谷没命了呢？这次登山还有意义吗？"学生不是踢给老师一个皮球吗？好的，老师把这个皮球又踢给了学生。这不是和稀泥，也不是捣糨糊，这是非常智慧的应对。因为实际上这样涉及人生哲理的重大命题，不要说小孩子，连成年人在很多情况下都没有办法真正理解，真正地达成一致意见。所以老师来了一个将计就计，学生抛出来的难题，老师换种方式，又抛给学生。他用这样的方式告诉学生，这样的讨论是开放式的，是没有统一的标准答案的。我认为这个老师的理答其实是很有智慧、很有分量的！

我们再来看第四个学生提的问题："巴果茨基为什么从一开始就对列宁说他不能走那条小路？"也就是说，列宁第一次走小路之前，巴果茨基就告诫列宁那条小路是不能走的，对这一点这个学生有不理解的地方。老师可以针对这个问题直接给学生一个答案。但是若这样直接地给出答案，不仅没有思维含量，也不可能产生智慧的火花。

我们来看看这个教学片段当中最精彩的那个理答。这个老师是这样说的："同学们，我很高兴你们能提出这么多问题，你们都是会思考的学生。这些问题有的会在同学和老师的帮助下解决；有的可能在反复思考后依然找不到答案，但是忽然有一天你就明白了；有的可能在几十年后的某一天，某一个情境下你一下子就深深地领悟了。其实，这都没有关系，重要的是今天我们在思考！"真要为这个老师的理答鼓掌，太好了！我听完这个老师的最后一次理答，恍然大悟。原来这个老师在教学结束以后让学生继续提问，他最关切的不是问题的答案而是提问本身。很显然这个老师注意到了只要学生思考了，只要学生提问了，问题最后有没有解决已经不那么重要了，重要的是他们提问了，就意味着他们在思考！

笛卡尔说"我思故我在"。当学生思考的时候，课堂上、文本中、语言里他们已经在场了，这才是意义本身！意义指向的只能是"我思"。

课堂理答的意义之三，它是一种生命的赏识。课堂理答其实是老师和学生之间，生命和生命之间的一种交流、一种对话！而这种交流和对话，既可能是积极的、正向的，也可能是消极的、负向的。用现在的话来说，你可以给予学生正能量，也可以给予学生负能量，关键看你怎么理答。而生命的赏识，无疑为学生们提供的是正能量。

我们也来看一个片段。一位老师讲《只拣儿童多处行》，在课的整体感知阶段，老师布置了这样一个自主阅读、圈点批注的任务。老师说："读书不仅要读进去，还要跳出来。所谓'跳出来'，就是用自己的火眼金睛看课文，产生自己的想法，让想和不想完全不一样。现在请你们默读课文，抓住自己感兴趣的地方，写写自己的阅读感受，然后交流。给大家的时间是六分钟。"这个时候，学生就开始默读课文，课堂上很安静，当然这是表面上的风平浪静。其实，他们在认真地思考，在迅速地书写着自己对感兴趣的文字的理解，可以说是"此时无声胜有声"。六分钟以后，老师说："同学们，现在是交流的时间，也是共享的时间。交流没有唯一的答案，只有缺席的遗憾，现在请大家各抒己见。"这段引导语非常好，渲染一种开放的、自主的气氛。我们现在来看看在这六分钟里面，学生们到底想了些什么，又写了些什么。

第一个学生是这样说的："诗曰'儿童不解春何在，只拣游人多处行'。冰心奶奶说'游人不解春何在，只拣儿童多处行'。"请注意，这是课文当中的话。接下来才是学生自己的话："'儿童'与

'游人'的换位，可以看出冰心奶奶的眼里有儿童，心里有儿童，笔下才有儿童。"这是他的思考，是他的理解。

我们来看看老师的理答。老师说："是啊！眼里有儿童，心里有儿童，笔下才有儿童。"其实，心理学上谈到同理心的时候，指出一个非常重要的策略，这个策略叫作复述。所谓"复述"就是你在倾听对方发言的时候，你的应对是重复对方发言的主要内容，当然不是照搬照抄。复述表明：第一，你在倾听和关注；第二，你记住了对方想说的；第三，会给对方一种什么感受呢？你认同对方的看法。这是一个非常重要的策略。

你看这位老师就用上了，其实，这位老师的理答粗粗一看没什么，似乎都是在重复学生的话，但是这样的复述恰恰给学生提供的是认可和支持的氛围，这就是一种正能量，这就是一种生命的赏识。很多时候，对学生们的回答，你不需要做太多的评价，只要真诚地复述学生的话，效果就会出来。

第二个学生说："'路过颐和园，看见成千盈百的孩子，闹嚷嚷地从颐和园门内挤了出来。'在一般人看来，这群孩子是顽皮的、令人讨厌的，而冰心却把他们看成活泼、可爱的小天使。"这是这个学生的理解。

我们再来看老师的理答。老师有理答吗？没有理答。如果说有理答的话，那就是在这个学生发言的时候，老师的目光始终投向这个学生。在这个学生说完话以后，老师轻轻地点了一下头。其实，这也是一种理答。

第三个学生说："太阳是光明的、温暖的。冰心奶奶说，孩子

'小小的身躯上喷发着太阳的香气息'。"老师也没有直接用语言理答。

第四个学生说:"冰心奶奶说我们是天使,是太阳,是花朵,是春天,我们感谢她的比喻,感谢她的提醒。是天使,我们就要释放可爱;是太阳,我们就要释放光明;是花朵,我们就要释放美丽;是春天,我们就要释放明媚。"这时候,听课的老师热烈地鼓掌。这个学生说得非常好,用一连串的排比句把冰心奶奶比喻的内涵阐释得淋漓尽致。

接下来看看老师的理答,老师说:"你正在释放着可爱、光明、美丽和明媚,不仅是我,在场的每一个人都感觉到了!"言下之意,"你"就是"天使","你"就是"太阳","你"就是"花朵","你"就是"春天"。看似信手拈来,实则意味无穷啊!

第五个学生说:"读了课文我知道了,一年之计在于春,一生之美在儿童。"老师的理答是:"在这句话的下面画上破折号,签上你的姓名。记住:这就是你的读书格言!"多么富有正能量的理答。我想这堂课可能会让这个学生终生难忘。

第六个学生说:"花是美丽的,也是柔弱的;花是美好的,花期却是短暂的。生命柔弱似花,生命短暂如花,我们应当怎样延续美丽的花期呢?"毫无疑问,这个学生的内心非常柔软又非常敏感,带有那么一丁点儿的神经质。这是个多愁善感的学生。

我们来看看老师的理答,他是这么说的:"了不起的是,你从正反两个方面谈花期,谈人生,你的问题值得包括我在内的每一个人珍视与探究。我愿意把你的话记在心里,时刻警策,感同身受,将心比心。你说的就是我要说的,我想的你替我表达出来了,我会记住你的话！"你看，带给学生的是什么？毫无疑问是理解，是信任，是激励。多好的理答！

第七个学生说："春光，把一冬天蕴藏的精神力量都尽情地发挥出来了。我把爸爸、妈妈一生蕴藏的天真、活泼都释放出来了。"

我们来看老师的理答。这时又有肢体语言了，老师走近这个比他矮半个头的男生，然后把他抱到凳子上，左手揽住他双腿的上部，右手拿着话筒，仰视着他。老师说："你现在比我高，因为你站在板凳上，靠在老师的肩膀上。我仰视你，是因为你从课文的字里行间读出了独到的见解。我愿意和在场的同学、听课的老师，一起再次聆听你刚才讲过的话。"哦！老师的这番话让这个学生受宠若惊、欣喜若狂！他第二次说的时候，显然非常激动。他说完以后，教室里又响起了热烈的掌声！

我不遗余力、不厌其烦地几乎把这个教学片段的所有细节都呈现出来了。我想，细节其实才是真正能够打动人的。而课堂的理答恰恰就是通过这样的细节——一个眼神、一种肢体语言、一个词、一句话，来深深地温暖我们的学生！

课堂理答的意义之四，它是一种"价值的去蔽"。什么是"价值的去蔽"呢？"价值的去蔽"意味着事物本有的价值被遮蔽起来了，学生看不到，那么通过老师的理答把它的价值又重新释放出来。

我们来看这个案例。课文《三顾茅庐》当中有这样一段话："时间过得好快，寒冬刚过，早春来临。刘备打算三访孔明。关羽、张飞都不耐烦了。张飞说：'哥哥不用去了，我用一条绳子把诸葛亮捆来就是了！'刘备大声斥责说：'你怎么如此无礼？这回不用你去了，只让云长同我一起去。'"老师出示了这段文字，然后让两个学生来读刘备说的话。

第一个是女生，读的时候，语速很快，几乎是一口气把它读完的。第二个是男生，他读的时候，在"如此无礼"的后面停顿了一下，换了一口气，然后继续往下读。这个老师很敏感，马上就抓住了这个稍纵即逝的学情，让大家讨论：读这个地方的时候，需不需要停顿？理由是什么？应该说这个老师是很有教学智慧的，而且这个教学细节又抓得非常准。我们来看看学生的讨论以及老师的理答。

第一个学生说："这个地方停顿一下，是因为刘备心里想后面的话到底该不该说，因为张飞毕竟是自己的结拜兄弟呀。"老师的理答是："有这种可能。"

第二个学生说："刘备一上来就骂得很凶，有点儿上气不接下气了，所以要停顿一下，好换口气。"老师的理答是："也有这种可能。"

第三个学生说："张飞惹刘备生气了，所以刘备说完第一句话以后，要想一想怎么处罚张飞，因此就停了一下。"老师说："你的思考与众不同。"

第四个学生说："这是一个反问句，为了加强斥责的语气，就需要停顿一下。"老师说："对的，反问句本来就应该这样读。"

四个学生谈了各自的理由，都认为需要停顿，但是理由不一样。我们再来听听老师的理答。理答的效果怎么样，好吗？不好。为什么说不好？通过理答进一步引领学生思考，把学生的理解再引向深入，让学生真正理解刘备求贤若渴的心态，以及在求贤若渴的背后"得人才者得天下"的历史规律，这是真正的价值所在。但是很遗憾这个老师的理答，似乎缺乏这样的功力。针对学生的回答，我们再来改进一下老师的理答，效果会怎么样呢？我们一起来看一看。当然，这是一次虚拟的理答。

第一个学生说："这个地方停顿一下，是因为刘备心里想后面的话到底该不该说，因为张飞毕竟是自己的结拜兄弟呀！"刚才老师的理答是"有这种可能"，其实这句话是废话，正确的废话，说跟不说没有什么差别。

我们虚拟改进理答，可以这样说："一个是情同手足的结拜兄弟，一个却是尚未见面的一介书生，刘备是犹豫了一下，但仅仅就是这么一下，他马上说出了下面这番话，由此可见……可见什么？"让学生讨论。然后老师接着说："可见在刘备的心目当中，这一介书生的分量要超过他的结拜兄弟。"这是为什么？因为"得人才者得天下"，刘备是一个政治家，他深谋远虑！你看，如果是这样理答，价值就呈现出来了！就把思考推向了纵深！

第二个学生说："刘备一上来就骂得很凶，有点儿上气不接下气了，所以要停顿一下，好换口气。"虚拟的理答可以是这样的："为什么要斥责？为什么还要大声斥责？以致一口气都缓不过来呢？"很显然，是刘备求贤若渴的心态使然。所以，这样的理答就可以把学生们的思考提升到一个新的高度。

第三个学生说："张飞惹刘备生气了，所以刘备说完第一句话以后，要想一想怎么处罚张飞，因此就停了一下。"虚拟的理答可以是这样的："刘备不光是斥责，还想要处罚张飞，这是为什么呢？因为他担心张飞的鲁莽举动会影响他求贤，刘备太知道若没有这样的谋略之才，他要打天下的战略意图是不可能实现的。"

第四个学生说："这是一个反问句，为了加强斥责的语气，就需要停顿一下。"这个学生说的话一点儿都没错，但是，很显然这是在玩技巧，背后没有思想，没有灵魂！虚拟的理答可以是这样的："如果把反问句改成感叹句：'你真是太无礼了！'行吗？不行，为什么？又是斥责，又是反问，又是停顿，请问刘备到底想告诉张飞什么？"让学生接着往下说。

此前老师的理答几乎没有什么效果，而这次虚拟的理答对学生们的思考会产生怎样的影响？对学生理解课文主旨又会带来怎样的效果呢？能让被遮蔽的文本价值在老师的理答中回归、激荡，用文本的价值提升学生的精神世界。

课堂理答的意义之五，它是一种真情的交融。在教学过程中，师生之间的对话不仅仅是认知的对话，还必然是情意的交融。

我们来看一个案例。全国著名小学语文特级教师贾志敏先生，曾经执教过低段的一篇课文《两个名字》。在教学当中，贾老师迁移了课文中"我有____，你也有____，哈哈，我们都有_____"这种表达形式，在对话当中促成了学生对语言的体验，在语言生成当中对学生进行了点化。我们来看看这个很经典的教学片段。

贾老师把一个学生叫起来，然后出示手里的一支铅笔，说："你好！我有一支铅笔。"学生回答说："你好，我也有一支铅笔！"这个小朋友高兴地站起来，同时也举起自己的铅笔。然后呢，老师和学生一起说："哈哈，我们都有一支铅笔！"应该说这个练习难度不大，非常简单，但是因为师生之间贴得很近，马上就引起了学生们的兴趣，于是大家纷纷争着要和贾老师对话。

这个时候，贾老师却改变了教学策略，他要求学生先说，自己后答。前面是他先说，后面要学生先说了。其实这个难度就增大了，一个学生说："你好，我有一件衣服。"贾老师摇摇头，表示有一件衣服有什么稀奇。另一个学生突然明白了，说："我有一件漂亮的衣服。"贾老师非常高兴，说："这个学生头脑很机灵，我也有一件漂亮的衣服。"两个人合起来，说："哈哈，我们都有一件漂亮的衣服！"虽然这样练习难度大一点儿，但效果很好。

接着，贾老师又一次增加了难度。贾老师说："现在你们能不能说说看不见、摸不着的东西？"你看，铅笔是看得见的，衣服是摸得着的，练习难度又一次加大了，要说看不见、摸不着的。教室里面非常安静，学生们都在思考，突然一只小手高高地举起来，一个学生说："你好，我有一颗爱心。"哎呀，太好了，这时候贾老师很激动地竖起大拇指并且深情地说："你好，我也有一颗爱心。"两个人很快乐地齐说："哈哈，我们都有一颗爱心。"是的，爱心是看不见、摸不着的，但是爱心又是实实在在地出现在课堂上的！又一个学生站起来说："你好，我有一个幸福的家庭。"贾老师与学生双手相握，激动地说："你好，我也有一个幸福的家庭。"然后两个人齐说："哈哈，我们都有一个幸福的家庭。"

你发现没有，面对一年级的学生，贾老师跟他们这样对话、这样理答，这个训练从简单到复杂，从具体到抽象，从平淡到饱含真情，循循善诱，润物无声。师生之间智慧的相互碰撞，情感的相互引发，心灵的相互交融，使得语言形式在交流中凸现，语言规律在体验中内化，语言精神在对话中生成，师生生命在语言的生发中涌动。一个看起来简简单单的理答，却能让课堂上师生之间的感情，得到最真诚的交融。这是课堂理答的基本意义！

课堂理答的策略

课堂理答有很多策略。我认为，我们要寻找的是策略的策略，一旦掌握了它，那么，你在使用具体的理答策略时就可以左右逢源、挥洒自如了。有人问，课堂理答的策略的策略是什么呢？两个字，倾听。理答始于倾听，理答终于倾听，倾听始终伴随着理答。可以这样说，没有倾听，就没有理解；没有理解，就没有理答。唯有倾听，你才能走进学生的内心，看见他的成长与进步，发现他的困惑与失误，从而以一种更加包容、更加开放的心态对他的课堂表现做出精彩的理答。

我举一个简单的例子。比如说，在我们的语文课堂教学当中，老师经常会请学生站起来读一读课文当中的某一段话。一个学生站起来了，然后读完了这段话。在学生读完这段话以后，老师需要做理答，不是吗？学生们看起来简简单单的一个学习行为，我们就可以从多个角度进行理答。你的思路完全可以打开，所谓"条条大路通罗马"。

比如这个学生读完了，你怎么理答呢？你可以从学习状态这个角度去理答。老师说："你是第一个举手的，就冲着这一点，我就要着重表扬你。"学生读得怎么样，你暂时不管，你就看学生的学习状态。因为学生非常积极，第一个举手，就冲着这一点，你就要着重表扬学生。这是理答吗？理答充满了正能量。

当然我们还可以换个角度，你可以针对学习方法对他的这次朗读做出理答："这个词你有意念得这么轻，我知道你是在表达作者的思念之情。这个词要轻读，这是一种方法。"在老师的理答当中，把这个学生的朗读方法点化出来了，这么读会有这样的效果，多好的理答！是吧，这又是一个维度。

我们再来看，你还可以针对学习质量做出理答。你可以这样说："这么长的一段话，你不但没念错一个地方，还读得这样通顺，这样字正腔圆有感情，可见平时的基本功是相当扎实的。"这是对他朗读质量的总体评价。第一，正确；第二，通顺；第三，念出了味道！是吧，这么长的一段话，学生不但没念错一个地方，还读得这样通顺，这样字正腔圆有感情，说明什么？说明学生平时的基本功很扎实。这就是理答，充满了正能量，多好啊！

当然你还可以继续换角度，你可以针对学习内容对他的朗读做出理答。"从你的朗读中我听到了作者对母亲深深的怀念，也听到了作者深深的自责，你真的读懂了。"你看，又一个维度出来了，是不是？还有，你可以针对他的思维方式做出理答。"你读出了自己的独特感受和体验，你朗读的风格与张晓娴、王健朗读的风格不一样。你的朗读，在思念中饱含着感激之情。"这是比较，又是一种理答的维度。

还有没有新的维度？针对情感体验做出理答。对这个学生的朗读，你可以这样理答："你把自己放进去了，你已经走进了作者的内心世界，你不是在读文字啊，你是在替作者，不，你就是作者，你在向自己的母亲倾诉。"你的理答是针对他在朗读这段文字的时候，所表露出来的情感体验做出的。这是一个全新的维度，跟前面五个维度又是不一样的。

你看，简简单单的一次朗读，你可以从六个维度对它做出理答。所以这个时候，你的理答就有可能左右逢源了。还有没有新的维度？

当然还有。我们再来看，你可以针对他的思想认知做出理答。"孩子，经过你这么一读，这段文字的意思我们就全明白了，不需要再说明什么了。所以，有了疑问，最好的方法还是读书！读书百遍，其义自见嘛。你不懂，读；还不懂，继续读，认真地读，仔细地读，投入地读，设身处地地读！放飞想象，怀着情感来读，读到一定的时候，你自然而然就明白了，就懂了。"你看，这又是一个维度。

再看，针对话语表达来理答。我们可以这样来评价："你的声音太有魅力了，那么浑厚，那么有底气！简直就是'小任志宏'，好好努力，争取让任志宏下岗！"有点儿俏皮，因为学生的声音很有魅力、很有特色，于是你就从这个维度来评价、来理答。

你还可以再换一个维度，针对动态变化来理答。你自己班级里的学生，你清清楚楚地知道他以前的朗读水平怎么样，他今天的朗读水平又怎么样。"听得出你在努力，你在一点一点地进步！跟第一次朗读相比，我简直不敢相信自己的耳朵了，这是历史性的突破！"从学生朗读前后变化的维度进行理答。

你可以针对他在朗读过程中可以提炼的语文知识进行理答。"注意，你想强调哪层意思，你就重读哪个词语。试试看，这样读有没有这种效果？"学生读得不到位，效果不好没关系。学生想强调哪层意思，就重读哪个词语，重音落在哪里，然后再试一试。这是不是理答？这是好的理答，非常好的理答！这是一个简单的评价，给学生一个方法，给学生一根拐杖，拉学生一把，让学生读得更好。现在已经有十个维度了。你看，一个小小的课堂事件，让学生站起来读课文当中的一段话，你就可以从十个角度对他的朗读做出理答。

你还可以针对文化背景进行理答。你可以这样说："孔子说，'三人行，必有我师焉'。说真的，我应该向你学习，我为有你这样的学生而感到自豪哇！"很显然，这个学生读得相当好，老师情不自禁地赞美他，而这个赞美呢，它是有文化内涵的，引用了经典的名言警句。多好，你的理答就有了文化的含量，其实这也是一种无声的熏陶和感染。已经有十一个维度了。

有老师问，还有没有？我们再看一个，你可以针对学生的学习习惯做出理答："同学们，读是我们学习语文最基本的方法。古人说，读书时应做到'三到'——眼到、口到、心到。我看，你今天完全达到了这个要求。"老师的理答，把良好的读书习惯也点出来了，让学生知道怎样读书才是对的，所谓读书"三到"——眼到、口到、心到！

你看，这么一个简简单单的读，在我们的课堂里面，可以说是司空见惯的读书行为，我们竟然找到了十二个维度对它进行理答。所以说，对课堂上学生们的任何表现，如果我们敞开自己的心胸，以一个开放的姿态去倾听和理解学生的话，那么你还愁你的理答达不到良好的效果吗？我认为，这是课堂理答的策略的策略，条条道路通罗马！

课堂理答的智慧

智慧跟策略不同，策略可以学，智慧是学不来的，从某种意义上来讲，智慧是需要修炼的。我说说发生在自己身上的一件丑事吧。有一次，我讲《我的战友邱少云》。课文当中有这样一段话，讲的是邱少云趴在火堆里，烈火在他身上烧了半个多钟头才渐渐地熄灭，然而，这位伟大的战士直到生命的最后一刻也没有挪动一寸地方，没有发出一声呻吟。为了引导学生们很好地理解这段话的内涵，我配了一个视频，视频是从电影《打击侵略者》中剪辑出来的。画面的内容就是丁大勇被烈火焚烧，他趴在火堆里，他的眼睛坚定地望着远方，他的嘴唇已经被他的牙齿咬破了，他的十个手指头都嵌入泥土里边去了，可见他经历了巨大的痛苦。然后我一边放视频，一边动情地说："同学们，你们看，这就是邱少云！这就是被烈火焚烧的邱少云，这就是趴在火堆里一动也不动的邱少云，这就是像千斤巨石一般的邱少云，这就是直到生命的最后一刻也没有挪动一寸地方，没有发出一声呻吟的邱少云！"

然后，我的话锋一转："同学们，面对这样一位英雄，此时此刻，你有什么话想对他说？"一个学生说了："邱少云，你真是好样的！"一个学生说："邱少云，你就是我心目当中的英雄！"一个学生说:"邱少云,你太了不起了,你太伟大了!"第四个学生站起来说:"邱少云,你真是个傻瓜。"那个学生话音刚落,我彻底傻掉了,因为这个学生的回答太突然了,太出乎意料了!而且又是在一个规模很大的公开课的场合。

大家都知道,课堂理答是即时的,是瞬间的。也就是说,你必须迅速地做出反应。我的反应是什么呢?"傻瓜,你才是傻瓜呢,坐下!"那个学生就灰溜溜地坐下了。哎呀,这个课上到这个地方就变了,用一个时髦的术语来说,这叫"教学的拐点",拐弯的拐。课继续往下上,我再也找不到感觉了,越上越不得劲,越上越尴尬,越上越没味,最后只得草草收场了!

对这次教学我记忆非常深刻,回家以后,我心里就开始难受了。我对自己说:"王崧舟啊王崧舟,你谁呀你,你是一个老师,而且你好歹还是一个特级教师。你竟然当着那么多老师、那么多同学的面,说学生'你才是傻瓜',你还像个老师吗?"这样一反思,自己非常后悔,非常难受,但是难受也罢,后悔也罢,都已经是事实了,永远没有办法再改变了。

过了几天,我的情绪慢慢地平复了,然后我就想:哎呀,这种情况说不定以后还会出现,要是下次再出现这样的情况我怎么理答?我得想应对的招数啊。于是,我就开始琢磨为什么这个学生会这么说。一分析,我发现有很多种可能。第一种可能,这个学生是个"学困生",平时表现就很糟糕;第二种可能,这个学生可能是想说一些惊人的话,然后引起大家的关注;第三种可能,也许这个学生害怕死亡,不敢直面死亡;第四种可能,也许他的家庭有问题,他的道德认知出现了偏差；第五种可能，也许他有严重的心理问题，有严重的心理障碍。

我想了各种各样的可能，把各种各样的可能一一罗列出来以后，我就想：要是这个学生是个"学困生"，我怎么应对，我怎么理答；要是这个学生的道德认知出现了偏差，我怎么理答；要是这个学生的家庭出现了问题，我怎么理答；要是这个学生有严重的心理问题，我又怎么理答。我想来想去，想不出答案，因为我发现越想越复杂，越想问题就越多，问题越多，我就越难以理答。在绞尽脑汁、冥思苦想了一段时间后，我忽然明白了，课堂上的任何理答都不可能有包治百病的方法！是的，列宁说过这样的话，"如果要开一张包治百病的药方，或者拟定一个适用于一切情况的一般准则，那是很荒谬的"。我突然发现，自己如果按照这样的思路去考虑今后的理答，毫无疑问，这将是一条死胡同；毫无疑问，此路不通！我很焦虑，又很纠结，同时也很迷茫。为什么？我发现自己陷入了认知和思想的泥沼而不能自拔。

怎么办？我就跟自己说，既然这条路走不通，那就放下，统统都放下，什么都不去想。当我把什么都放下的时候，我第一个感觉是一下子变得轻松了。第一天，我等待会不会有灵感产生，没有，什么动静都没有；第二天，还是没有什么动静；直到第三天半夜的时候，突然之间，我的脑海里边冒出一个灵感来。我突然想出了一个绝妙的策略，哎呀，我激动得不得了！我心说："王崧舟啊王崧舟，你太了不起了，你太伟大了！"你知道在那一刻，什么灵感"光顾"了我吗？

其实，当时的念头很简单。什么念头？当我把对这个学生的所有猜测统统放下以后，我突然就想，要是这个学生就是一个身心正常的学生，那一刻他的心性是什么呢？我的脑海里冒出来的是孟子的这一段话："恻隐之心，人皆有之；羞恶之心，人皆有之；恭敬之心，人皆有之；是非之心，人皆有之。"难道这个学生没有恻隐之心，没有羞恶之心，没有恭敬之心，没有是非之心？我想，这个学生即便再奇葩，人的这些基本心性，他也一定有。如果再简单地概括一下，这个学生一定有一颗善心。当我认定这一点的时候，理答的方法和策略突然之间就产生了。我为自己拥有这样的理答策略而欣喜若狂，于是我等待着下一次执教《我的战友邱少云》的机会。

有一次，温州的一个教研部门请我上课。他们问我上什么课，我说上《我的战友邱少云》。我对这堂课是有期待的，我期待在视频出现的那一刻，在我的引导语说完之后，会有一个词——"傻瓜"冒出来。结果，第一个学生说："邱少云，你太了不起了。"第二个学生说："邱少云，你太伟大了。"第三个学生说："邱少云，你真是我学习的榜样！""傻瓜"一词没有出现，哎呀，我有点儿失望。我盼望下一次上课这个词能再次出现。

又一次，我上《我的战友邱少云》。我就盼望着在这个环节，"傻瓜"这个词冒出来。结果还是没有！我的心凉了半截儿。我心说："算了！也许这个词也就是五百年出一次，我想的那一招没有用武之地了。"

这件事就这么过去了一年多，我的期待也慢慢地淡下来了，我不再刻意地去等待那个词冒出来。然而，真没想到，有心栽花花不开,无心插柳柳成荫。又有一次,我上《我的战友邱少云》,结果,课上到这个环节的时候,"傻瓜"一词又一次出现了!有个学生站起来说:"邱少云,你真是个傻瓜,要是我一定会就地打几个滚躲开,我才不想死!"这个学生的话音刚落,全场一片死一般的沉寂。所有人的目光都聚焦到我的身上。我心里那个乐呀!我心说:"我盼星星盼月亮,好不容易盼到今天,终于盼到了!"但是我得装,我表面上不露声色,不能让人家知道我早就想好了对策。我的第一个反应是,做思考状,说:"我得想一想。"其实,我啥都没想,心里早就有底了。

然后,我就轻轻地开口了。我说:"孩子啊!你是不是不希望邱少云死?"其实,当时那个氛围呀,孩子的话音刚落的时候,全场的气氛一下子就变得肃穆了,孩子也知道自己说错话了。所以,我试探地问:"孩子啊,你是不是不希望邱少云死?"那个孩子就不住地点头:"是是是!"我说:"其实,我心里想的跟你想的完全一致。是啊,邱少云才二十几岁,那么年轻,谁希望他死呢?不光你这么想,我也是这么想的!"哎呀,我明显地感觉那个孩子的精神就开始松弛了。他可能有一个什么感觉?就是他的回答得到了老师的理解和认可!

当然,理答并没有因此结束,还要继续往前推进。我话锋一转,说:"但是,孩子们,你们一定知道,此时此刻的邱少云是一位战士,是一位军人,军人以服从命令为天职!因此,孩子们,你们再仔细地听一听,在邱少云的耳边,此时此刻,还会响起另外一种声音。你们有谁听到了另外一种声音?"全场非常安静。有一个学生举手了，我对自己说火候还没到。又有几个学生举手了，我耐着性子等了等，最后，有近三分之一的学生举手了，我告诉自己可以了。

第一个学生站起来说："老师，我听到有这样的声音在对邱少云说：'邱少云你可不能动啊，你一动身后的整个班、整个潜伏部队都会遭受重大的伤亡，这一次作战计划就有可能全部落空！然而，你可以你自己一人的牺牲来保证这次战斗的最后的胜利。你要坚持住啊！'"

第二个学生站起来说："邱少云，你知道吗？你身后的战友们在望着你！朝鲜人民在望着你！祖国人民在望着你！你要坚持到底啊！坚持到底就是胜利！"

第三个学生说："邱少云，你不是想做一个钢铁般的战士吗？是的，烈火可以烧毁你的身躯，但是烈火却永远也无法烧毁你的意志！邱少云，你就是英雄！你就是钢铁般的战士！"

这个学生的话音刚落，全场的掌声如潮水一般响起来！我心里那个乐呀，我知道这掌声一半是送给这些学生的，还有一半是送给我自己的。这一次理答非常成功！不知情的老师觉得我太厉害了，太了不起了！其实，我是有备而来的。所以，所谓智慧，并不是神秘的东西。它是我们在一次又一次地遭受失败和挫折，汲取经验和教训之后所产生的灵感！

曹明海先生曾经说过，教育不仅给人以维持生存的技能，适应社会生活的策略，而且还给人以安身立命之本。但是，这种观念及其在生命中真正的溶化与植根，则要依赖于教学主体的教育道德智慧！我认为，这次理答之所以能够成功，根本原因就在于自己道德智慧的觉醒。觉醒的标志，就是"止于至善"。

　　我认为课堂理答，不仅是一种方法，不仅是一种技术，不仅是一种策略，不仅是一种智慧，更是一种美好的境界！在这种境界里，我们敞亮一腔光风霁月的襟怀，开放一颗逃逸物障、超尘脱俗的心灵，传导一种拳拳热切的关怀和磊落澄明的觉悟，使学生在教学活动中情不自禁地向你走来，和你诚挚对话，倾心交谈，感应心灵情感的声息。

第五讲

语文教师如何提升课堂境界

说到"境界"这个词，我想大家最熟悉的莫过于国学大师王国维先生论述治学的三重境界了。他说古今之成大事业、大学问者无不经过三种境界："昨夜西风凋碧树。独上高楼，望尽天涯路"，此第一境界也；"衣带渐宽终不悔，为伊消得人憔悴"，此第二境界也；"众里寻他千百度，蓦然回首，那人却在，灯火阑珊处"，此第三境界也。

从王国维先生这一段描述三种境界诗意般的话语当中，我们不难看出做学问是有境界的，境界是有高低的。其实，我们的语文课堂教学，也是有境界的。那么在我们的语文课堂教学当中，是否也存在着不同的境界呢？我想，我们不妨先来看一段话。这段话选自朱光潜先生的一篇文章《我们对于一棵古松的三种态度——实用的、科学的、美感的》。朱光潜先生在这篇文章当中这样说：

> 假如你是一位木商，我是一位植物学家，另外一位朋友是画家，三人同时来看这棵古松。我们三人可以说同时都"知觉"到这一棵树，可是三人所"知觉"到的却是三种不同的东西。你脱离不了你的木商的心习，你所知觉到的只是一棵做某事用值几多钱的木料。我也脱离不了我的植物学家的心习，我所知觉到的只是一棵叶为针状、果为球状、四季常青的显花植物。我们的朋友——画家——什么事物都不管，只管审美，他所

知觉到的只是一棵苍翠劲拔的古树。我们三人的反应态度也不一致。你心里盘算它是宜于架屋或是制器，思量怎样去买它，砍它，运它。我把它归到某类某科里去，注意它和其他松树的异点，思量它何以活得这样老。我们的朋友却不这样东想西想，他只在聚精会神地观赏它的苍翠的颜色，它的盘屈如龙蛇的线纹以及它的昂然高举、不受屈挠的气概。

我们对古松的三种态度：第一是实用的，第二是科学的，第三是审美的。其实，实用的、科学的、审美的，不仅仅是面对一棵古松的三种态度，也同样会成为我们面对课堂教学的三种态度，而这三种态度也折射出三种不同的课堂境界。

面对课堂教学，我们可以停留在实用的境界。比如说，一堂语文课上下来，学生们识了多少字，背了几段文章，写了几句话，今后他们的考试成绩可能跟这些已经掌握的实用的东西有关系，这是第一种境界——实用的境界，也是我们课堂教学最基础的境界。第二种境界，那就是科学的境界。我的课堂教学，遵循学生的心理规律、认知规律，遵循课堂教学当中师生互动的基本规律，按照科学的方法和规律来实施我的课堂教学。于是，在实用的基础上，我的课可能会更有效率，更有效益，这是第二种境界——科学的境界。其实，课堂教学还有更高一层境界，那就是审美的境界。审美的境界不排斥实用，更不排斥科学。相反，审美的境界是对实用的境界、科学的境界的一种超越，一种扬弃。最终，在我们的课堂教学当中，我们是按照美的规律，按照生命的规律来实施我们的课堂教学的。

如果说课堂教学有境界的话，大体上也存在这样三个层次的境界。而要提升课堂教学境界，我们认为应该立足于基础的实用的境界，然后上升到科学的境界，最后上升到审美的境界，审美的境界就是生命的境界。因此，下面我们从取法乎上这样一个高度，来谈一谈如何提升我们的课堂教学境界。那就是站在生命境界的高度来改善和提升我们的课堂教学境界。

举象：还原语文的生命图景

要还原语文的生命图景，提升课堂教学境界的第一个策略就是举象。什么叫举象？举象就是回到"象"，就是回到语文的源头活水。那么，什么是"举"呢？"举"就是呈现，就是打开，就是让语文像网页一样，呈现在学生的面前。语言文字是再抽象不过的符号，但是语言文字不仅仅是符号，首先是一个象。在我们小学语文教材中，大量的语言文字指向生活本身，指向事件本身，指向人物本身，而这些人物、事件、情节由象组成，由一个个生动的、丰富的、充满感性的语言的象组成。

我觉得语文教学说白了就是两件事情。第一件事情是由言到意。它是理解的过程，倾听的过程，走向视界融合的过程。第二件事情是由意到言。它是倾诉的过程，表达的过程，表现的过程，是种种思想情怀、内在体验转化为语言的过程。举象，就是把语言文字还原成形象，还原成印象，还原成意象，让语言文字成为一幅幅画面，成为一个个场景，从而使这些画面、这些场景能够深入每个学生的生命世界当中去。

我们来举一个例子，《我的伯父鲁迅先生》，这是一篇老课文，也是一篇比较经典的课文。文章的作者是鲁迅先生的侄女周晔。课文是围绕着这样一句话来写的——"伯父就是这样的一个人，他为自己想得少，为别人想得多"。课文前前后后写了这么几件事情：第一件事情就是谈《水浒传》，第二件事情就是谈碰壁，第三件事情就是救助车夫，第四件事情就是关心女佣。由这四件事情刻画了鲁迅先生为自己想得少，为别人想得多的高尚的精神世界。那么在谈到救助车夫这件事情的时候，课文当中有这样两段话：

> 走到离伯父家门口不远的地方，看见一个拉黄包车的坐在地上呻吟，车子扔在一边。
>
> 我们走过去，看见他两只手捧着脚，脚上没穿鞋，地上淌了一摊血。他听见脚步声，抬起头来，饱经风霜的脸上现出难以忍受的痛苦。

在教学这个片段的时候，很多语文老师都会注意到其中出现的一个成语，就是"饱经风霜"。但是在语文课堂教学当中该怎么处理、怎么呈现这个词语却有不同的境界。

有个语文老师问："同学们，你们知道什么叫'饱经风霜'吗？"

第一个学生说："老师，'饱经风霜'就是吃饱了风，吃饱了霜。"

老师生气地说："一派胡言！你吃过风吗？你吃过霜吗？你都没

吃过风和霜,你干吗叫人家吃风霜,动动脑筋再好好想一想。"

第二个学生说:"老师,'饱经风霜'就是指一个人吃饱了苦头。"

"嗯!"这回老师点点头,"说得不错,已经很接近标准答案了。但是谁有更准确的答案?"

然后第三个学生站起来说:"老师,'饱经风霜'就是形容一个人经历了很多艰辛和磨难。"

"哎呀,你说得太对了。你是怎么知道的呀?"

那个学生说:"老师,我刚刚翻过词典,词典上面就是这样写的。"

全班哄堂大笑,老师就生气了,对全班同学说:"笑笑笑,有什么好笑的!你们没有词典吗?你们也有。你们查过词典吗?你们明明知道词典上面有答案,你们为什么不去查呢?人家就比你们主动,就比你们勤奋,你们应该向他学。你刚才说这个'饱经风霜'是啥意思,你再跟大家说一说。"

那个学生又说了一遍:"'饱经风霜'就是形容一个人经历了很多艰辛和磨难。"

"非常好,你们都记住了吗?"

"记住了。"

这个词的教学到此就算结束了。那么,类似这样的教学,你不能说它有错。

我总觉得,这样的教学还只是停留在实用的层面、实用的境界,以词解词。是的,它也许对做作业有用,也许对考试有用,但是很显然,这样的教学与学生的生命可能还不会发生联系,不能够产生意义。因此,要提升我们的语文教学境界,提升我们的课堂教学境界，我们应该继续超越。如果我们从审美的境界，从生命的境界来看待这个词语，可以怎么处理呢？很简单就是两个字——举象。

我们来看看另一位老师是怎么处理"饱经风霜"这个词的。第一步，当然需要板书一下这个词，让学生读一读。第二步，老师对学生说："请你闭上眼睛，回忆一下，在你的脑海里边搜索一下，你在生活当中有没有看到过饱经风霜的脸。如果有，请你举手示意。"学生们就闭上了眼睛，拼命地搜索。结果全班54个学生，绝大多数学生都举手了，都说在生活当中看到过饱经风霜的脸。哎哟，我们听课的老师就坐在后边感慨，这些学生怎么会见到那么多饱经风霜的脸呢！

第三步，老师说："现在你能不能用自己的话来形容一下车夫的这张脸？"其实这个问题是有难度的，但是这个老师非常有经验。他首先激活学生的生活表象，让他们在脑海里边搜索那个象。请注意，那个象已经在学生的脑海里边出现了。有了象，语言的表达就容易了。

咱们来听一听学生们是怎么形容车夫的这张脸的。

一个学生说："老师，车夫满脸的皱纹，眼眶深深地陷进去，颧骨高高地凸出来。"

"没错，这的确是一张饱经风霜的脸。"

一个学生说："老师，车夫的脸是这样的。他的脸蜡黄蜡黄的，人精瘦精瘦的，皮包骨，而且他的眼睛布满了血丝，他的嘴唇上面还留有一道一道干裂的口子。"

老师说："嗯，没错，这也是一张饱经风霜的脸。"

第三个学生站起来说:"老师,他的脸是这样的。他的头发很乱很乱,他的脸是灰突突的。其实,这个人只有三十多岁,但是看起来有五六十岁了。"

老师说:"没错,这也是一张饱经风霜的脸。"

你发现没有,老师让学生们闭上眼睛搜索,这是举象,激活生活当中曾经留心过的表象。然后让学生用语言来形容车夫的这张脸,这还是举象,是用语言来描述,甚至创造新的形象。

接着进入第四步,老师说:"一个会看脸的人,他有两只眼睛。一只眼睛看到这张脸本身,我们现在都看到了车夫的脸,另一只眼睛会看到这张脸背后的信息。透过车夫的这张饱经风霜的脸,你还看出了什么?"这个问题难度就更大了。

一个学生说:"我看出这个车夫家里很穷,我估计他是吃了上顿没下顿,所以,他的脸才会饱经风霜。"你看,言外之意被学生发现了。

一个学生说:"老师,这个车夫肯定干活很累很累,没白日没黑夜地干活,所以他的脸才会饱经风霜。"

又有个学生说:"老师,我看出这个车夫可能身体不好。他有病,他是硬撑着在拉他的黄包车。"这其实还是在举象,只不过他们看到了表象背后的意义,看到了意象。

第五步,老师说:"假如当时你就在现场,你走过去,看见这位车夫两只手捧着脚,脚上没穿鞋,地上淌了一摊的血,那张饱经风霜的脸上现出难以忍受的痛苦。请问,那个时候你会怎么做?"

很多学生都举手了,第一个学生站起来说:"老师,我会把身上所有的钱掏出来给他。"

"你真是一个善良的孩子。"

第二个学生说:"老师,我就自个儿拉着黄包车把他送到医院去。"

老师说:"你拉得动吗?"虽然学生拉不动,但是他的想法也让人感动。

第三个学生说:"老师,我马上打电话把我爸爸叫来。"

"你爸爸是干什么的?"

"我爸爸就是医生。"

"好。"老师说,"我相信你们在那样的情境之下都会向这位车夫伸出援助之手,那么现在我们一起来看看'我'的伯父鲁迅先生又是怎样对待这位黄包车夫的。"

由这个教学片段,我们不难发现,对"饱经风霜"这个词的教学不仅仅停留在实用的层面,甚至不仅仅停留在科学的层面。尽管这位老师没有让学生们做出科学的、精准的定义,但是我们完全有理由相信,"饱经风霜"这个词已经完全和学生们的情感、生命融为一体了。第一,师生举起的是一个个生动的、活泼的、具体的象;第二,所有的象都来自学生的生活体验;第三,由于这样的象是跟学生的生活体验结合在一起的,于是文本的语言文字就能转化为学生自己的语言文字,成为他自己的东西,内化为他心里的文化意象,这才是活学活用的语言。而活学活用的语言才是真正有用的东西。说不定哪天面对新的情境,学生的脑海中会自然浮现这种文化意象的情景,这就是课堂的境界。通过举象来呈现这样的境界,课堂品味马上就上去了。

造境：创生语文的生命境域

创生语文的生命境域需要造境，"造"就是营造，"境"就是环境，就是情境，就是意境。如果说举象所举之象可能是单一的，还是单个的象，相互之间不一定能完全建立起意义上的联系。那么，造境所造之境，一定是连续呈现的象，并且已经融为一个有机的整体了，这就进一步将语言文字还原成特定的情境、意境、心境。而当这样的场景、这样的意境出现的时候，学生们的生命就会有在场的感觉。

我们也来举一个例子。我曾经上过一课，讲纳兰性德的《长相思·山一程》，词非常简单，语言浅显易懂。

山一程，水一程，身向榆关那畔行，夜深千帐灯。风一更，雪一更，聒碎乡心梦不成，故园无此声。

学生理解这首词的意义本身其实不难。难在哪里？难在教师要让学生身临其境。要让学生身临其境，那么教师就得为学生创设条件，就得为学生呈现和营造那个境。我是怎么做的呢？我采取了两个步骤。

第一步，我说："读完这首词，请你想一想，此时此刻，词人纳兰性德的'身'，身体的身，身躯的身，他的身在什么地方？你们知道吗？"我一口气叫了八个学生回答问题。我有意识地叫了几个前排、中间和后排的学生。为什么这样做？等会儿你就会知道我的用意。一个学生说:"他的身在榆关。""有道理,榆关就是山海关,'身向榆关那畔行'嘛,是吧。"另一个学生说:"他的身在向着榆关的路上。""有道理。"

每个学生发言完我就让他们站着。

我说:"你们再读一读'山一程,水一程'。你们想想:此时此刻词人的身还可能经过哪些地方?"

第一个学生说:"他可能在山上。"

"形容一下怎样的山?"

第一个学生接着说:"崇山峻岭,悬崖峭壁。"

第二个学生说:"他可能还在水上。"

"在水上?你是要把他淹死?"

第三个学生说:"他在船上!他在船上!"

"形容一下怎样的水呢?"

第三个学生说:"波浪翻滚,水流湍急。"

"他还可能在哪里?"

第四个学生说:"'夜深千帐灯',哦,他可能在军营的帐篷里……"

…………

最后,班级里站起八个学生。

我说:"你们看,把他们八个连在一起,你们看到了什么?"

"看到了一条线。"

"怎样的线?"我问。

"弯弯曲曲、连绵起伏的线。"

"没错,这就是纳兰性德的'身'经过的地方。他经过了崇山峻岭,他经过了大河小川,他经过了沼泽地,他经过了山地,他走过了桥,最后,他的'身'也许就在军营的帐篷里。"

这个境就出来了。够不够?还不够。第二步,继续造境。

我说:"你们再读一读这首词,再想象一下。此时此刻纳兰性德的身就在征途之中,但是他的心呢?你们知道他的心在哪里吗?"一个学生说心在家乡,没错;一个学生说心在故园,没错;一个学生说心在家园,没错;一个学生说心就在自己的家里,没错;一个学生说心就在亲人那里,没错,都一样。

"这个时候,你们有什么发现?他'身在征途,心系故园'。"

学生们恍然大悟。

"原来此时此刻,词人纳兰性德的身和心是怎么样的?是分离的,而且身离家乡越远,思乡之情就越浓!他的身心是分裂的,那么这是一种怎样的情感呢?"有人说纠结,有人说痛苦,有人说焦虑,有人说难舍,等等。"怀着这样的感情,我们来读一读纳兰性德的《长相思·山一程》。"学生朗读时感情就出来了。感情为什么会出来?因为学生是带着画面,带着情境在读。他在读这首词的时候,他分明感受到了词人身心分离、心灵纠结的那一份凄怆,那一份茫然。

你们看,这首词的教学方法——造境,通过一次次地举象,让一个又一个的象打开、呈现、叠加、交织、汇流,形成一种立体的、流动的、丰富的境。在这样的境中,学生才能看见、听见,才能感受、体会,才能咀嚼、回味。如果境出不来,这些东西也就出不来。

即便出来了，要么是人云亦云的，要么是无病呻吟的，不可能是从学生心中流淌出来的。如果只是让学生简单地解释一下"山一程，水一程，身向榆关那畔行，夜深千帐灯"，意义真的不大，这只是停留在实用的层面，而语文教学还要达到更高的境界，那就是审美的境界、生命的境界。要创设和实现这样的境界，教师可以通过造境的手段来使语言文字贴近真实的生活，然后让我们的学生身临其境，感同身受。

入情：体验语文的生命温度

要想体验语文的生命温度，我觉得语文教育的灵魂就应该在"情"字上。文字的背后一定承载着人的思想情感。有人说"夫缀文者情动而辞发，观文者披文以入情"。有人说"登山则情满于山，观海则意溢于海"。这些话讲的是什么呢？讲的是语言文字是有温度的，是有脉搏的，是有心跳的。这种温度、脉搏和心跳就是语言文字本身所承载的人的感情、人的真情、人的挚情。所以要想上好语文课，教师光造境不够，还要入情——这个情，可能是一种情绪表现，可能是一种情感状态，也可能是一种情怀气象。因此，好的语文教师总会千方百计地让学生触动情感，甚至让学生自己的真情喷涌而出。如果说"情"是一种情绪，它来就来了，去就去了，像刮风，像潮起潮落；如果说"情"是一种情感，它不会像情绪那样说来就来，说去就去，往往是持续的、比较深层次的；如果说"情"

是一种情怀,它就可能表现为一种人格特征、一种生命气象,比情感更深入也更丰厚。学生们在学习课文后情感得到陶冶的同时,他们的语言文字能力也往往会得到提升和发展。

我们来看一个案例。《我的战友邱少云》这篇课文的作者叫李元兴,他是邱少云生前所在班的副班长。他为什么写这篇文章?一个很重要的原因,是当时潜伏的时候,他就在邱少云的旁边,他离邱少云是最近的。作者亲眼看见了英雄被烈火焚烧,但是仍像千斤巨石一般纹丝不动,最后壮烈牺牲的一幕。可以说这一幕让他终生难忘。正因为那是他亲身经历的事情,他有刻骨铭心的,甚至是撕心裂肺的体验,所以他的文字非常打动人。文章最感人的地方,其实就是这段文字:

> 我(指的是李元兴)的心绷得紧紧的。这怎么忍受得了呢?我担心这个年轻的战士会突然跳起来,或者突然叫起来。我不敢朝他那儿看,不忍眼巴巴地看着我的战友被活活地烧死。但是我忍不住不看,我盼望出现什么奇迹——火突然间熄灭。我的心像刀绞一般,泪水迷糊了我的眼睛。

这段文字非常感人,可以说是催人泪下。然而就是这样一段充满真情和挚情的文字,落在两个语文老师的手中,却出现了截然不同的处理方式。

我们先来看看第一位语文老师是怎么处理的。

"同学们,大家读一读这段文字。这段文字写得非常好,主要是写'我'的感情。你自己思考，看看在这段文字当中，你能够读懂作者的哪些感情。在你读懂的地方，你可以做些记号。"学生默读三分钟，然后，全班交流和讨论。老师问："你们都读懂了作者的什么感情？和大家一起交流交流。"

第一个学生站起来说："老师，我读懂了紧张的心情。"

"很好，不要着急，我把'紧张'这个词先写下来。"老师在黑板最左边写上"紧张"这个词，问："紧张这种感情你是怎么读出来的呀？"

学生说："老师，他说'我的心绷得紧紧的。这怎么忍受得了呢？'我在想，既然他的心绷得紧紧的，毫无疑问他应该是很紧张的，所以那个时候他的心情就是紧张。"

"嗯，不错，有道理，那就请你把紧张的感觉读出来。"这个学生就读了原文。

"好，继续交流。除了紧张的感情，你们还读懂了别的什么感情？"

第二个学生站起来说："老师，我读懂了担忧的心情。"

"嗯！好，不着急，我把'担忧'这个词写下来。"老师紧挨着"紧张"，横着写了"担忧"这个词，问："来，你说说，你是从哪儿读出担忧的呀？"

这个学生说："课文当中这样写道，'我担心这个年轻的战士会突然跳起来，或者突然叫起来'。这不明摆着说他非常担忧吗？"

"嗯！是是是，有道理，有道理，那就请你把担忧的感觉读出来吧。"

这个学生就读了原文。

"好，我们继续交流。除了紧张，除了担忧，你们还读出了别的什么感情？"

第三个学生站起来说："老师，我读出了痛苦的心情。"

"哦，痛苦，非常好，不着急。"老师在"紧张""担忧"之后空了一格，在旁边写上了"痛苦"这个词，也是横着写的，然后问："那你是从哪儿体会到他痛苦的感情的呀？"

学生说："课文当中写，'我的心像刀绞一般，泪水迷糊了我的眼睛'。老师，虽然我没有被刀绞过心，但是我想想都可怕，那该多痛啊！你看他后面说'泪水迷糊了我的眼睛'，那说明他当时一定是非常非常痛苦的，所以我觉得这个地方表达了他痛苦的感情。"

"嗯，太好了！好的，请你把痛苦的感觉读出来。"这个学生就读了原文。

三个学生发言完毕，黑板上出现了三个词：紧张、担忧、痛苦。板书的时候，老师在"担忧"和"痛苦"之间又空了一格。语文老师一般都知道，老师这么板书的葫芦里究竟卖的是什么药，但是学生不知道。

现在没人举手了，老师就有点儿着急："同学们，看黑板，看黑板！"然后指着那个空白的地方，说："空了一格的那个地方，你们发现什么没有？"

学生们大眼瞪小眼，心说："啥都没发现呀，空的呀！"

老师就更着急了，学生们还是没有反应，丈二和尚摸不着头脑。

老师就直截了当地说了："怎么那么笨呢！我告诉你们，你们漏掉了一种感情了。"

学生们一听说漏了一种感情，就赶紧找。一会儿，真有学生举手。"老师我知道了，被我们漏掉的感情，就是眼巴巴的感情。"

"感情怎么可以用眼巴巴来形容呢！"

"哦，不是，被我们漏掉的感情是忍不住。"

"对呀！忍不住，前面忍住了后面忍不住，这个叫什么感情呀？"没人举手。"想一想前后的感情一样吗，这叫什么感情？"还是没人举手。老师生气地说："我告诉你们，这个叫矛盾的感情。"然后他就板书——矛盾。

学生们赶紧在下面记。

"好，把笔都放下，抬头看黑板。你们看，作者写自己的感情，第一，是什么？紧张；第二，是什么？担忧；第三，是什么？矛盾；第四，是什么？痛苦。你们看，由紧张到担忧，由担忧到矛盾，由矛盾到痛苦，这个感情变化的过程写得清不清楚？"

"清楚。"

"写得具不具体？"

"具体。"

"这叫什么？同学们，这叫有条不紊。记住，以后你们写自己感情的时候，向谁学？向他学，你们也要把自己的感情写得有条不紊。"

这个老师讲的这叫什么话？这叫空话、废话。

什么叫感情？感情是风，感情是雨，感情是一锅粥，感情是一团麻，感情是剪不断理还乱，感情是才下眉头却上心头。一个人的感情，怎么经得起你这样折腾。你拿来一把手术刀，欻一刀，然后拿起来说，这个叫紧张；欻一刀，这个叫担忧；欻一刀，这个叫痛苦；欻，欻，两刀，拿起来说，这个叫矛盾。这还是感情吗？这已经不是感情了，感情早已被你风干了，早已经荡然无存了。学生看到的不是感情本身，而是被风干了的毫无生命气息的感情的木乃伊、感情的僵尸，感情没有了。所以这样的语文课看起来很扎实，听起来很清楚，其实毫无生命气息，一点儿没有审美的境界，这不是理想的语文课堂。

我说这段文字落在两个语文老师的手中出现了截然不同的处理方式，什么原因？因为两个语文老师的境界不同。我们来看第二位老师是怎么处理的。

"孩子们，请大家读一读这段文字。请你一边用心地读，一边用心地体会。这段文字的哪些地方触动了你？哪些地方让你的心怦然一动？哪些地方好像又深深地刺痛了你？把这些有感觉的地方用波浪线画下来。"

注意看教师的语言，不同的教师语言指向就不一样。前面那个老师，明确地告诉学生，这段文字写感情，看看他们能够读懂哪些感情，把读懂的地方找出来，这是认知。而这个老师提出的这些问题不是从认知入手的。从什么入手？从情感体验，从对生命的感受入手。

学生读完了，开始交流。一个学生说："老师，我读到这个地方，我的心就咯噔一下。作者说：'我的心绷得紧紧的。这怎么忍受得了呢？'是啊，因为此时此刻烈火在焚烧着邱少云，那是一种巨大的痛苦，换了我，我能忍受得了吗？所以读到这儿我的心就揪起来了。"

一个学生说："老师，我读到这个地方的时候，心被深深地刺痛了。'我的心像刀绞一般，泪水迷糊了我的眼睛。'我在想，当刀绞着自己的心的时候，那该是一份怎样的痛苦！"

这个时候，老师在黑板上面随机板书了一个字"绞"，说："孩子们，刀在绞'我'的心，也在绞每一个人的心。请你们再一次用心地读一读。就在这一段文字当中，你们发现没有，有一把刀在绞着'我'的心，找一找这把刀藏在哪里？"

学生们第二次阅读，去寻找那把刀，那把情感之刀。

第二次交流时有学生说："老师，我发现这把刀就藏在这儿：'我担心这个年轻的战士会突然跳起来，或者突然叫起来。'这份担心就像刀一样在绞'我'的心。因为作者清清楚楚地知道，如果邱少云跳起来或者叫起来，那么后果将不堪设想，潜伏部队就有可能被敌人发现，这次作战计划就有可能全部落空，所以，这份感觉就像刀一样在绞作者的心。"

有一个学生说："老师，我发现这把刀藏在这儿！'我不敢朝他那儿看，不忍眼巴巴地看着我的战友被活活地烧死。'这个时候烈火就在烧着一个活人，这是多么大的痛苦！这份感情就像刀一样在绞作者的心。"

又有一个学生说："老师，我发现这把刀还藏在这儿！'但是我忍不住不看，我盼望出现什么奇迹——火突然间熄灭。''我'在盼望奇迹发生。然而谁都知道这个奇迹并没有发生，最后这位年轻的战士愣是被这把火给活活地烧死了。由希望到绝望,这种感觉就像刀一样在绞'我'的心。"

学生们交流的同时,老师在这个"绞"字上面画圈。一把刀,又一把刀,还有一把刀……这个"绞"字上面被画了一圈一圈又一圈。老师说:"是的,这就是当时作者最真实的感情。其实,担心也罢,紧张也罢,痛苦也罢,由希望到绝望也罢。此时此刻,所有的感情都跟一个人联系在一起。谁?'我'的战友邱少云。此时此刻的作者,紧张着英雄的紧张,担忧着英雄的担忧,痛苦着英雄的痛苦!那就让我们一起怀着同样的感情,再来读一读这段感人的文字。"

这也是一种教学。在这个片段的教学当中,我们能够真真切切地感受到文本之情、教师之情、学生之情高度地融合在了一起。课堂里面"情情交融",生命之间就像水乳一样融合在了一起!对文字,你必须去还原它、想象它、复活它。通过还原、想象、复活,让文字在你的心中含情脉脉、情意绵绵、热情洋溢、激情四射。学生在教师的指导下分明感受到了文字的温度、文字的力量和文字的魅力。所以这样的教学片段就超越了实用的境界,它实用,但是它一定不满足于实用的境界!它进一步提升,最后提升到审美的境界,提升到生命的境界!因为语文、语言文字本就是人类精神的家园,语言文字本就是人的生命的一种确证。

会意：感悟语文的生命哲思

所谓"会意"，就是在特定的情境中感悟并体会文字所包含的意义、意蕴和意趣。因此，好的语言文字、经典的语言文字需要我们的学生咀嚼、推敲、品味，需要我们的学生整个身心沉入文字当中去虚心涵泳，熟读精思，切己体察，从而感悟到文字背后的生命哲思。

我们来看一个案例。《草船借箭》这篇课文是根据古典名著《三国演义》改编的。它的文字很简约，以叙述为主，很少有描写，几乎没有抒情。这么一篇课文，可能初读你不见其好，觉得有点儿淡，虽然情节吸引人，但是文字本身像白开水。其实，这只是一种假象，如果你深入这个文本，细细地去读的话，你就会发现：这样的叙述文字，既是平实的，"平常"的"平"，"实在"的"实"，又是精准的。平实而精准的文字，是一种高品质的文字。草船借箭这个故事，主人公毫无疑问就是大名鼎鼎的、家喻户晓的诸葛亮。这个故事主要是通过诸葛亮的语言来刻画这个人物形象的。我统计了一下，这个故事写诸葛亮说的话前前后后一共出现了 11 次。一开始我没有发现这 11 次话当中有珍珠和黄金在，后来反复地读，反复地读……我突然之间发现，哎呀！原来这 11 次话当中真的蕴藏着语文学习的宝贵资源。

如果你不留心观察，你可能会感觉他这 11 次话太平淡了。周瑜说："我们就要跟曹军交战。水上交战，用什么兵器最好？"请注意听，诸葛亮说："用弓箭最好。"周瑜说："对，先生跟我想的一样，现在军中缺箭,想请先生负责赶造十万支。这是公事,希望先生不要推却。"诸葛亮说:"都督委托,当然照办。"都是"诸葛亮说""诸葛亮说",共11次!但是我突然发现第11次写到"诸葛亮说"的时候,前面多了两个字,多了两个什么字呢?我们来看一看这一段文字:

> 这时候大雾漫天,江上连面对面都看不清。天还没亮,船已经靠近曹军的水寨,诸葛亮下令把船头朝西,船尾朝东,一字摆开,又叫船上的军士一边擂鼓,一边大声呐喊。鲁肃吃惊地说:"如果曹兵出来,怎么办?"诸葛亮笑着说:"雾这样大,曹操一定不敢派兵出来。我们只管饮酒取乐,天亮了就回去。"

你发现了,课文中共11次写到了"诸葛亮说",其中10次都是"诸葛亮说"。唯有一次,在"诸葛亮说"之前出现了一个很传神的词"笑着","诸葛亮笑着说"。我突然感觉到这个"笑"里边大有内涵和文章,这个"笑"值得我们好好地品味,好好地咀嚼,好好地推敲,好好地涵泳。于是,教学到这个语段的时候,我就抛出了一个问题:"同学们,请你联系上下文来琢磨琢磨'诸葛亮笑着说',你认为此时此刻的诸葛亮在笑谁?"学生们开始读,既要去回顾前面的情节,又要去照应后面的情节,然后把前后文联系起来想想,此时此刻,此情此景,诸葛亮会在笑谁。全班交流分享。

第一个学生举手:"老师,我觉得此时此刻的诸葛亮应该是在笑鲁肃。"

"怎么说？"

"我联系上文，前面鲁肃吃惊地说：'如果曹兵出来，怎么办？'所以诸葛亮才笑着说。这说明鲁肃这个人太忠厚。你看，一直到这个时候，鲁肃还不知道诸葛亮草船借箭的意图和计谋，所以他担心了，他害怕了。而鲁肃是诸葛亮的好朋友，诸葛亮草船借箭要用到的一切器物、一切工具都是鲁肃提供的。对这样的好朋友，诸葛亮当然不想他担心，所以他才会笑着说。我觉得这样的笑其实是在安慰，是在宽慰鲁肃。"

"有道理。那这样，我来读鲁肃的话，你来读诸葛亮的话，把这种感觉读出来。"

于是，第一个学生和我分角色朗读。这里诸葛亮的笑对鲁肃而言是一种宽慰。

第二个学生说："老师，我觉得诸葛亮话中有话。我从诸葛亮的话当中听出来诸葛亮其实是在笑曹操。"

"怎么说？"

"因为诸葛亮说：'雾这样大，曹操一定不敢派兵出来。'说明诸葛亮对曹操的为人了如指掌，曹操的性格就是多疑！正因为曹操生性多疑，所以诸葛亮才玩得动这个草船借箭的计谋。"

"没错，诸葛亮已经看透了曹操的性格，所谓'知己知彼，百战不殆'。那么这是什么笑？他看不起曹操，他甚至有点儿小得意，曹操会怎么做他早就知道。好的，把这种感觉读出来，我扮鲁肃，你扮诸葛亮。"我们分角色朗读完，我说："你看，诸葛亮说的时候是淡定的，是从容的，一点儿都不紧张。为什么？因为他对曹操了如指掌,他甚至还能够算计到接下来曹操会怎么做。这体现了诸葛亮具有一种胜券在握的从容。"

第三个学生站起来说:"老师,我通过联系上下文感觉诸葛亮应该还在笑周瑜。"

"哦?说说你的理解。"

"老师,诸葛亮的草船借箭其实是被周瑜逼出来的。周瑜要让诸葛亮赶造十万支箭,时间只有三天,却什么材料都不提供给诸葛亮。这说明周瑜让诸葛亮造箭是假,想谋他的性命是真。但是诸葛亮知道周瑜为人狭隘、局促,甚至阴险。出于大局考虑,诸葛亮没有当面跟周瑜翻脸,当然他不可能在周瑜面前束手就擒。诸葛亮的智慧太了不得了,他就来一个不动声色,将计就计。周瑜不是要让诸葛亮造箭吗,不是认为三天之内十万支箭肯定是造不出来的吗?诸葛亮就偏答应周瑜,用计谋把这十万支箭搞到!三天之后在江边亲自把十万支箭交到周瑜的手上,气死周瑜!'周瑜周公瑾,你要跟我斗还嫩了点!'所以这个笑里面还包含着这样的意思和成分。"

"很好,来,把这种感觉读出来,我读鲁肃的话,你读诸葛亮的话。"我和这个学生分角色朗读课文。

我说:"诸葛亮和鲁肃回去做什么?回去交箭,气死周瑜!这是一种临危不乱的大气。"

第四个学生站起来说:"老师,我觉得此时此刻,诸葛亮最有可能笑的是他自己。"

"哦?这真是一种与众不同的见解,为什么?"

"此时此刻诸葛亮是胜券在握的,他非常高兴,眼看着胜利在望了，他运筹于帷幄之中，决胜于千里之外。他料事如神，他三天之前已经知道长江之上必有大雾。你看，他一出来看见大雾满天，就让将士们一边擂鼓，一边大声呐喊。他知道曹操一定不敢派兵出来，而且一定会让弓弩手放箭，接下来弓弩手就放箭如雨！这些他一定算计到了，那么多的箭最后收齐了一定会超过十万支，他一定能够交差，所以他太得意、太自豪了。我觉得他是在笑自己。"

"很好，把这种感觉读出来。这个'笑'表现了一种志在必得的自信。"

你看就是这一个"笑"字，稍有不慎，你就轻轻地滑过去，那就什么味道、什么意蕴都没了。陆九渊说过，读书切戒在慌忙，涵泳工夫兴味长。从某种角度看，"会意"就是熟读精思，就是虚心涵泳，就是切己体察。当我们抓住这个"笑"字重锤敲击，深入开掘时，我们就挖到了一口哲思的源泉，精彩纷呈的解读喷涌而出。由这个"笑"字，我们感受到了鲁肃的忠厚；由这个"笑"字，我们看到了曹操的生性多疑；由这个"笑"字，我们也分明体认到了周瑜的狭隘、周瑜的局促、周瑜的阴险；由这个"笑"字，我们更看到了诸葛亮的儒雅、从容、淡定和大气。

你看，多么传神的一个"笑"字，经这么一品，竟有这么丰富的意味和意蕴。这叫什么？这就叫会意，这个意就是意蕴。这样的文字，要品，要嚼，像广东人用文火煲汤，味道是慢慢熬出来的。学生所会之意是跟他的生命连接在一起的，他是在解读诸葛亮，同时诸葛亮也是他心性的一面镜子，他最终照见的是自己丰富的精神世界。

求气：触摸语文的生命律动

什么叫"求气"？清代有一个著名的古文流派叫桐城派，出现在安徽，姚鼐就是桐城派的代表人物之一。桐城派强调学古文要"因声求气"，即通过诵读来探求文字背后的节奏、韵律，进而领会作品的"神气"，这就是"求气"。所以，我们的文字，特别是汉字，要想因声求气就要靠反复诵读。要在反复诵读当中触摸和体认文字的节奏、文字的韵律和文字的"神气"。文字的节奏和韵律就是一个人生命气息的自然体现。

我们来看一个案例。有一篇课文《小音乐家扬科》，作者叫显克微支。他是波兰著名作家，拿过诺贝尔文学奖。在中国知道他的人不多，其实，显克微支在波兰的地位非常高。打一个不是很恰当的比方，显克微支在波兰的文学地位相当于鲁迅先生在我们中国的文学地位。《小音乐家扬科》出自显克微支的手笔，这个作品写得非常好，非常感人。当然课文是经过翻译改编的，我觉得翻译得也非常好。我们一起来看这段文字，这是描写扬科临死之前的一段文字：

> 扬科躺在长凳上。屋子前边有一棵樱桃树，燕子正在树上唱歌。姑娘们从地里回来，一路唱着："啊，在碧绿的草地上……"从小溪那边传来笛子的声音。扬科听村子里的演奏，这是最后一次了。树皮做的小提琴还躺在他的身边。

我们留意一下最后一句话，"扬科听村子里的演奏，这是最后一次了"。其实，这句话按照一般的语序不应该这样写，而应该写成"扬科是最后一次听村子里的演奏了"。因为"最后一次"是用来形容和修饰"听"的。但是作者却把"最后一次"单独地拿出来放在了后面，为什么？不一样的语序强调的是不一样的情感和意蕴。那么，很显然，作者在这里要强调的是什么？强调的是"最后一次"，这里有呐喊，这里有悲哀，这里有无奈，这里有控诉。

如果你跟我们的学生说这样写叫"垫后强调"，把"最后一次"拿出来放到后面是在强调最后一次，我觉得这样的说法对学生们真实的生命体验毫无作用。怎么办呢？我们可以通过求气的方法来让学生们触摸语文的生命律动。怎么做呢？反复诵读。怎么读？老师引读，学生一起读，只读这一句，"这是最后一次了"。

"我们一起看。扬科挨了打，被打得遍体鳞伤，奄奄一息，眼看快要离开人世了。他躺在长凳上，燕子在树上唱歌。扬科听燕子唱歌。大家一起读，'这是最后一次了'。

"在他即将告别这个世界的时候，他是多么想再听一听燕子的歌声啊！但是，大家一起读，'这是最后一次了'。

"扬科躺在长凳上，姑娘们从地里回来，一路唱着：'啊，在碧绿的草地上……'扬科听姑娘们唱歌。大家一起读，'这是最后一次了'。

"在他即将离开这个世界的时候，他是多么想再听一听姑娘们那美妙的歌声啊！但是，大家一起读，'这是最后一次了'。

"再来，扬科躺在长凳上。从小溪那边传来笛子的声音，扬科听笛子的声音。大家一起读，'这是最后一次了'。

"在他即将告别这个世界的时候,他是多么想再听一听,笛子那嘹亮的声音啊!但是,大家一起读,'这是最后一次了'。

"就这样,扬科怀着对音乐的无限眷恋,怀着对这个世界的无限眷恋,最后一次听到了燕子的歌声,听到了姑娘们的歌声,听到了笛子的声音。之后他就要永远地离开这个世界了。扬科听村子里的演奏。大家一起读,'这是最后一次了'。"

读到这种境界,学生已心领神会,教师不需要再解释了,这就叫"因声求气"。在这里,"气"是丰富的,也是统一的。"气"是充实的,也是空灵的。教师就这样带着学生因声求气、沉潜回味。于是,气,在音节中流淌;气,在诵读中涌动;气,在生命的声音中得以复活。

学生们这样反复地读,在教师创设的语境中读,带着情感、带着想象、带着画面读,他们自然而然地就明白了"这是最后一次了"在强调什么,在呐喊什么,在控诉什么,在表达什么。这个时候,学生们已经完全进入了由语言的律动所营造的那个"场"。他们感受着扬科悲惨的遭遇,他们同情扬科不幸的命运,这就是语言文字的力量。

寻根:传承语文的生命价值

"寻"就是追寻,就是探寻;"根"就是文化之根,就是精神之根。所谓"寻根",就是在特定的语境中,开掘语言文字背后的价值取向、精神母题和文化传承。我觉得，谈语文不谈文化，教语文不教文化，这是无论如何也说不过去的。语文既处在文化的奠基层面，也处在文化的最高层面，可以说，语文既是文化的"地"，也是文化的"天"，用一个词来形容，语文在文化的世界里"顶天立地"。

语言就是存在之家。词语破碎处，无物存在。这个世界就是一个语文的世界，一个符号的世界。语文有多远，世界就有多远；语文有多大，世界就有多大。从根本上说，我们活在语文的世界中，活在文化的世界中。离开了语言和文化，我们既无法定义自己，也无法理解世界。寻根，就是在语文教学中探寻文字深处的文化根系。

我们说中华文化源远流长，博大精深。每一个中国人都应该延续我们祖先的文化血脉。只有这样，你才能够在文化意义上面成为一个真正的、大写的、顶天立地的中国人。所以我们的语文教学应该有文化的自觉、文化的自信和担当，应该带领我们的学生去探寻中华文化的精神之歌。

我们来看这首诗，柳宗元写的《江雪》，它被后人誉为唐人的五绝之冠。"千山鸟飞绝，万径人踪灭。孤舟蓑笠翁，独钓寒江雪。"教学这样一首千古佳作，有寻根意识的老师跟没有文化觉醒的老师，在教学策略和最终产生的教学效果上是不一样的。

我们来看一看第一位老师是怎么讲这首诗的。通常古诗的教学大体上分为四个步骤：第一步，梳通文句；第二步，进入诗境；第三步，熟读成诵；第四步，适度拓展。

当时新一轮课程改革正如火如荼、轰轰烈烈地进行。课改倡导学习方式的转变，倡导自主合作探究的学习方式。这位老师很认同课改的理念，他或许在想，他的古诗教学能不能也让学生们来一个自主探究。于是，在完成了诗歌教学的前三个步骤之后他增加了一个环节——让学生质疑问难。"读完这首诗，你们还有什么不懂的问题吗？如果有问题，你们只管提出来。"

有一个学生就站起来说："老师，我有一个问题。这天那么冷，雪那么大，这老头为什么要出来钓鱼？"

老师一听，这问题不错。"很好，你动了脑筋，这的确是个问题。继续提问，这个问题是他的，不一定是你们的，你们有问题你们自己提出来。"

这个时候有个学生站起来，说："老师，我也有个问题。"

"哦，什么问题？"

"老师，我觉得这首诗是假的。"

这个学生的话音刚落，老师的脸唰的一下就白了。"你说什么？"

"老师，我觉得这首诗是假的。"

"好，大家听听，他说这首诗是假的。假在哪儿？你说。"

"老师，天那么冷，雪那么大，我想河面上早就结冰了。"

"对啊，结冰怎么了？"

"河面上结冰了，他还怎么钓鱼呀！"

老师的心咯噔一下。心说："哎呀，对呀！你还别说，他说得真有点儿道理。"这个时候，老师心里有点儿乱了。心说："这个问题有点儿麻烦。这首诗是假的，那老头钓不了鱼。"

但随即老师灵机一动："既然你们已经提了问题了，那你们就自主合作讨论一下，看看你们能够解决什么问题。大家先讨论，然后全班交流。"

过了几分钟，老师说："我们先来讨论第一个问题：'这天那么冷，雪那么大，这老头为什么要出来钓鱼？'"

研究这个问题的学生非常多，第一个学生站起来说："老师，我知道。这老头可能特别爱吃鱼，所以他出来钓鱼。"

第二个学生说："老师，他说的不对，我估计这老头心情不好。"

"嗯，你是怎么知道的？"

"老师，前两天，我外公跟我外婆吵了一架，他就出去钓鱼了。"

老师笑着说："你讲得有道理。这个问题大家懂了吗？"学生们点点头，不懂也得装懂。

"我们再讨论第二个问题，这首诗是假的，天那么冷，雪那么大，河面上早就结冰了，这老头怎么钓鱼啊？谁解决这个问题了？"

没人举手，老师有点儿着急，心说："咋办？我心里也没底，也没答案，又不能不了了之。"于是便说："大家再想一想，再动一动脑筋，人多力量大，我相信大家一定能够解决这个问题。众人拾柴火焰高！三个臭皮匠，顶个诸葛亮！"

被老师这么一忽悠，还真有一个学生举手了："老师，我知道这首诗不是假的。"

"哦？为什么？"

"老师你想，天那么冷，雪那么大，河面上结了冰。结了冰怎么了，没事！这老头随身带一把小铲子，他在冰上凿一个窟窿，他照样可以钓鱼。"

这老师心说："对啊，我怎么就没想到这一招呢！"然后对着那个提问的学生说:"听到没有,真的还是假的?"

那个学生点点头:"老师,我错了。"

"下回记住啊,不但要敢于提问,还要善于提问!"

老师心说:"瞧你这傻问题,把我吓得血压都升高了。"

这是一种教学。我说这样的教学咱们别的不说,只做一种假设。要是这首诗的作者本人柳宗元柳老先生,坐在教室后边听这位语文老师讲他的《江雪》,他会有什么反应?我想只有一种可能,非把这老头气得吐血不可!诗的美感哪儿去了?诗的意境哪儿去了?诗的神韵哪儿去了?全被这两个问题给砸得粉碎!事后有人对那个老师说:"你多大年纪了!怎么敢跟年轻人叫板呢?跟你说过了,叫你不要赶时髦,你偏要赶时髦,这不是吃不了兜着走吗?"你认为真的是自主探究惹的祸吗?真的是质疑问难惹的祸吗?真的是学生们提的那两个问题惹的祸吗?肯定不是。

我们再来看一看,另一位有文化意识和担当的老师是怎么教学《江雪》这首诗的。他也安排了"质疑问难"的环节,也让学生来质疑。老师怕什么?没什么好怕的。不信去试一试,让学生们质疑,有个问题十有八九的学生会提出来。什么问题?天那么冷,雪那么大,这老人为什么要出来钓鱼?鸟都飞绝了,人迹皆无了,为什么老人还在寒江里边钓鱼?这的确是个问题,很多学生都会发现,都会提出来。问题的关键不在这儿,而在于后面老师的引导和点拨。从这里就可以看出一个老师的文化底蕴。

这位老师是怎么做的呢?学生们提出这个问题后,他首先做思考状,不知道他是真的在思考还是假装思考。然后,他轻轻地反问全班同学:"同学们,你们觉得这位老人真的是在钓鱼吗?"这叫"四两拨千斤",这个老师厉害,一石激起千层浪。真的是在钓鱼吗?听话听音,锣鼓听声!学生们马上就明白了,老师的话有言外之意,有弦外之音。接着,老师就跟学生说:"老师这里有一份资料,想请大家再好好地看一看。"他顺手就给每个学生发了下去。什么资料?很简单的几行文字,介绍的是柳宗元的生平事迹:

> 柳宗元因参与王叔文政治集团发动的永贞革新运动失败被贬,先被贬到湖南的永州,所以有"永州八记",后被贬到广西的柳州。在被贬的过程当中,他遭遇了种种艰辛坎坷。他过着朝不保夕的日子。正是这样的经历使柳宗元后来的诗风发生了很大的变化,《江雪》就是他谪居永州时期的作品之一。

所谓"诗言志",学生们拿到柳宗元的这份生平事迹资料之后就马上看起来。因为他们知道,也许这个问题的答案就藏在这份资料里。看着看着,有人举手了。看着看着,又有人举手了,举手的学生越来越多。时机到了!

老师就请第一个学生回答。

第一个学生站起来,恍然大悟似的说:"哦,老师,我明白了!这位老人不是在钓鱼。我觉得他是在锻炼自己的意志。你想,天那么冷,雪那么大,说明他所处的环境是非常恶劣的。我联系了他的生平事迹,知道诗人所处的环境当时是非常恶劣的。但是越是在恶劣的环境下,他越需要锻炼自己的意志。所以我认为他不是在钓鱼,而是在锻炼自己的意志。"这是第一个学生的理解。

第二个学生说:"哦,老师,我明白了!其实,他是被这冰清玉洁的世界给吸引了。天地一片洁白,非常干净。他欣赏这样的世界,欣赏这样的雪景,说明他的内心是非常纯净的。"你看第二个学生的解读,有道理吗?当然有道理,"诗无达诂"!

第三个学生站起来说:"老师,我觉得这位老人不是在钓鱼,而是在告诉人们,他的内心非常非常孤独。"

"怎么说?"

"我发现这首诗每一句话的第一个字连在一起是四个字 —— 千万孤独。"

哦,这是个天才!神童!我读了这么多年的《江雪》,愣是没发现"千万孤独"。是的,此时此刻的柳宗元毫无疑问是孤独的。他有无限的孤独要书写,最后都凝聚在他的笔端,化作了这一首传诵千古的《江雪》。要说柳宗元有知音的话,我认为第三个学生就是柳宗元的知音。

第四个学生站起来说:"老师,我也觉得他不是在钓鱼,而是在钓一个春天。你想,冬天到了,春天还会远吗?"这是雪莱的诗句,世界名句,大家耳熟能详。这个学生太厉害了!毫无疑问他也是柳宗元的知音。

《江雪》这首诗要说有诗眼,我认为不在"千万孤独"这四个字上。我认为这首诗的诗眼恰恰就在这个"钓"字上。"钓"是什么?钓是一种文化。钓是隐忍,钓是等待,钓是静观其变,钓是坚持不懈,永不放弃。是的,他现在孤独,他现在处在生命的最低谷,但是他依然没有放弃自己的志向。中国古代的士大夫，有良知、有担当的士大夫，其实都有这样的胸怀。穷则独善其身，达则兼济天下。他们都有这样的高尚境界，"居庙堂之高则忧其民，处江湖之远则忧其君。是进亦忧，退亦忧。然则何时而乐耶？其必曰'先天下之忧而忧，后天下之乐而乐'"。我认为柳宗元就有这样的境界和胸怀！

这是什么？这就是文化呀！如果学生们从小接受这样的文化熏陶，他们的志向、他们生命的境界、他们的襟怀，就会发生很大的变化。这个时候，你会发现，原来我们的语文课不仅仅是要让学生掌握字、词、句、段、篇，原来我们的语文课不仅仅是要让学生学会听、说、读、写、思，原来我们的语文课也不仅仅是要让学生知道语、修、逻、文、章。其实，在这一切之上，语文还有更高远的追求，即追求我们的文化之根、精神之根、民族之根，而这个追求是跟每个人的生命成长紧紧地连接在一起的。

当你的教学进入这样的境界的时候，你就会发现我们的课堂是如此的美丽，我们的语文是如此的美丽，我们的职业是如此的美丽，我们的人生又是如此的美丽！语文教学虽然"充满劳绩"，但只要我们提升自己的境界，我们就可以"诗意地栖居"在语文的大地之上！

后　记

《美其所美：王崧舟讲语文课怎么上》与《美在此处：王崧舟讲语文课上什么》两本书能顺利出版，要特别感谢曾经在我工作室研修学习的诸位学员。其中，《美其所美：王崧舟讲语文课怎么上》第一讲到第五讲分别由以下学员完成初稿整理：吴静波、钟旭鲸、冯琛莉、陈玲婕、叶炜。

两本书由杜世敏润饰并统稿。

在此，向上述学员表示衷心感谢。

图书在版编目（CIP）数据

美其所美：王崧舟讲语文课怎么上 / 王崧舟著. ——
上海：上海教育出版社，2019.10
ISBN 978-7-5444-9489-2

Ⅰ.①美… Ⅱ.①王… Ⅲ.①小学语文课—课堂教学
—教学研究 Ⅳ.① G623.202

中国版本图书馆 CIP 数据核字（2019）第 202376 号

策　　划　源创图书
责任编辑　董　洪
特约编辑　王小庆　李　玲
责任印制　梁燕青
内文设计　许　扬
封面设计　奇文云海

Mei Qi Suo Mei: Wang Songzhou Jiang Yuwen Ke Zenme Shang

美其所美：王崧舟讲语文课怎么上
王崧舟　著

出版发行　上海教育出版社有限公司
官　　网　www.seph.com.cn
地　　址　上海市闵行区号景路159弄C座
邮　　编　201101
印　　刷　北京华宇信诺印刷有限公司
开　　本　710×1000　1/16　印张 11　插页 1
字　　数　110千字
版　　次　2019 年 10 月第 1 版
印　　次　2025 年 3 月第 10 次印刷
印　　数　48,001—54,000 本
书　　号　ISBN 978-7-5444-9489-2 / G·7833
定　　价　49.80元

如发现质量问题，请向本社调换　电话 021-64373213